Migration chinoise et développement au Cameroun

Hilaire de Prince Pokam

Migration chinoise et développement au Cameroun

L'Harmattan

5-7, rue de l'École-Polytechnique, 75005 Paris
www. harmattan.com
diffusion.harmattan@wanadoo.fr
harmattan1@wanadoo.fr
ISBN : 978-2-343-05606-7
EAN : 9782343056067

INTRODUCTION

En 1971, le Cameroun et la Chine établissent leurs relations diplomatiques sur la base du « respect mutuel de leur souveraineté, de leur intégrité territoriale et de la non-ingérence mutuelle dans les affaires intérieures »[1]. C'est bien après des moments difficiles pendant la guerre froide consécutive à leur appartenance à des blocs idéologiques opposés. Cette confiance installée entre les deux pays conduit à la signature de nombreux accords de coopération[2]. Cette coopération qui fait partie des quatre chantiers de la politique extérieure de la Chine[3], favorise l'arrivée et l'implantation d'une population chinoise[4] au Cameroun, érigeant ce pays comme l'ensemble des Etats

---

[1] PROUZET Michel, Le Cameroun, Paris, LGDJ, 1974, p. 320.

[2] Les accords bilatéraux entre les deux pays comprennent les volets suivants : échanges économiques et commerciaux, appui au développement du secteur privé, assistance sociale dans l'amélioration des soins de santé et l'accès à l'éducation, coopération de maintenance technique (assistance dans la réhabilitation des infrastructures publiques, etc ...).

[3] Les quatre chantiers de la politique extérieure chinoise sont : la politique de bon voisinage, la coopération et la solidarité avec les pays en voie de développement, le développement des relations avec les pays développés, le multilatéralisme et la coopération internationale.

[4] Nous partageons dans le cadre de cette étude, cette définition du concept de diaspora élaborée par Van Hear, Pieke et Vertovec : « populations d'origine migrante qui sont dispersées entre deux ou plusieurs destinations, entre lesquelles se développent des liens multiformes impliquant des flux d'échanges de personnes et de ressources : entre le pays d'origine et les pays d'accueil, et entre les pays d'accueil », cités par AGNIESZKA Weinar, « Instrumentalising diasporas for development : international and european policy discourses », dans BAUBÖCK Rainer and FAIST Thomas (eds), Diaspora and transnationalism : concepts, theories and methods, Amsterdam, Amsterdam University Press, 2010, p. 76.

africains, en destination à la mode en Chine. C'est la raison pour laquelle la population chinoise s'accroît de jour en jour au Cameroun[5]. Elle est surtout composée de coopérants, d'entrepreneurs, d'hommes d'affaires, de médecins et de commerçants. Car, dans le but de diversifier ses partenaires et partant, réduire la pauvreté de ses populations et devenir un pays émergent à l'horizon 2035, le président camerounais a entrepris de s'orienter vers les Etats émergents. La Chine se présente dans ce contexte comme un partenaire de choix. En même temps, les grandes reformes économiques chinoises et les opportunités qu'offre le Cameroun, ont relancé les migrations chinoises dans ce pays.

Eu égard aux bénéfices mutuels que les deux pays escomptent tirer de leurs relations qui font augmenter de jour en jour la population chinoise au Cameroun, une étude particulière sur le rôle des migrants chinois dans le

---

[5] Selon PENG HINGTAO, Conseiller aux affaires politiques à l'ambassade de Chine au Cameroun, la colonie chinoise est estimée à un peu plus de 1000 personnes. Un chiffre vraisemblablement en deçà de la réalité. Certains de ses compatriotes, reconnaît-il, arrivent par leurs propres canaux et ne sont pas enregistrés à l'ambassade. Selon certaines sources, ces Chinois qui échappent aux statistiques seraient les plus nombreux. Ils viennent avec un visa de trois mois, et ne rentrent plus. La main-d'œuvre qui, une fois les chantiers finis, reste sur place et passe dans l'illégalité. Des ouvriers venus travailler et ne rentrent plus à la fin des travaux de leurs entreprises sans doute bénéficiant de meilleures conditions de vie où ils peuvent aisément vivre d'agriculture ou d'élevage. Lors d'une interview à la chaîne de télévision privée Canal 2 le 07-08-2008, l'ambassadeur chinois au Cameroun HUANG CHAN GGING, a également estimé le nombre de ses compatriotes à plus de 1000. Ce nombre s'accroît rapidement. Car, selon le Premier Conseiller de l'ambassade de Chine à Yaoundé, cité dans le quotidien Mutations du 27 mars 2013, environ 4000 ressortissants chinois sont installés au Cameroun.

processus de développement, nous semble pertinente. Car, elle nous permettra de déterminer les effets de leurs actions et interactions comme acteurs de développement, tant sur le pays d'accueil que sur le pays d'origine. Ce qui nous conduira par la suite, à établir que ces migrants qui font surtout partie des « nouveaux migrants »[6], sont acteurs, effets et enjeux de la mondialisation. Ils se positionnent en réalité entre le Cameroun et la République Populaire de Chine (RPC), comme une sorte de troisième terme au sein d'une structure sociale triangulaire[7] dans laquelle ils interagissent.

Nous espérons démontrer dans le cadre de cette étude que : les migrants chinois au Cameroun créent avec le pays d'origine et le pays d'accueil, une structure sociale triangulaire qui est dynamisée par leurs multiples activités. Plusieurs enjeux structurent le déploiement de ces activités de ces migrants au Cameroun. Car, elles contribuent en même temps à la réussite de la « stratégie gagnant-gagnant-gagnant », selon l'expression de Cathérine Withol de Wenden[8], non seulement pour le pays d'origine et le pays d'accueil, mais aussi et surtout pour les migrants eux-mêmes qui sont avant tout des entrepreneurs

---

[6] Les nouveaux migrants se réfèrent à « ces citoyens chinois qui émigrent ailleurs depuis 1979 quand la Chine a entamé ses réformes économiques », HONG Liu, « New migrants and the revival of Overseas Chinese Nationalims », Journal of Contemporary China, vol. 14, n° 43, May 2005, p. 293.

[7] Safran écrit à ce propos que « les diasporas existent dans une relation socio-culturelle triangulaire avec la société hôte et la mère patrie », FAIST (T), op. cit., p. 20.

[8] WIHTOL DE WENDEN Catherine, La question migratoire au XXIe siècle. Migrants, réfugiés et relations internationales, Paris, PFNSP, 2010, p. 53.

transnationaux venus au Cameroun essentiellement pour trouver de nouvelles voies de reclassement social.

PREMIERE PARTIE

LA PARTICIPATION DE LA MIGRATION CHINOISE AU DEVELOPPEMENT DU PAYS D'ACCUEIL

Les migrants chinois participent au développement du Cameroun surtout à travers leurs activités économiques et médicales. Cependant, certains d'entre eux se consacrent progressivement aux activités agricoles et avicoles.

CHAPITRE I

L'ENTREPRENEURIAT ECONOMIQUE

Les activités des migrants chinois au Cameroun s'inscrivent en grande partie dans le cadre d'un entreprenariat économique qui est non seulement très diversifié, mais également comporte quelques limites.

Section 1 – Un entrepreneuriat diversifié

La présence des Chinois au Cameroun en une décennie, est un fait désormais visible sur le plan économique qui ne passe plus inaperçu dans les grandes métropoles telles que Douala et Yaoundé. Les stratégies des migrants chinois pour mieux s'intégrer dans le tissu économique camerounais, évoluent rapidement et s'appuient sur l'existence d'un important dispositif de réseau d'accueil, des solidarités claniques et familiales[9].

Jusqu'en 1998, la présence chinoise au Cameroun était associée d'une part, à la réalisation des grands ouvrages dans le cadre de la coopération sino-camerounaise tel que le barrage hydroélectrique de Lagdo, les palais des Congrès et des Sports de Yaoundé, la construction de certaines infrastructures sanitaires et d'autre part, à la restauration. Les données sont en train de changer. Car, la migration chinoise devient de plus en plus économique.

---

[9] La suite de cette partie s'inspire surtout de cet article de ESO Elame, « L'immigration en Afrique noire dans le contexte de la mondialisation », site internet : www.lestamp.com/.../publication.esoh.htm, consulté le 03/02/2013.

Paragraphe 1 - Le déploiement des activités commerciales

Selon le Premier Conseiller de l'ambassade de Chine à Yaoundé, l'immense majorité des 4000 ressortissants chinois installés au Cameroun ont pour activité le commerce[10].

En effet, les migrants chinois sont désormais présents dans plusieurs secteurs commerciaux et commencent à acquérir une importance économique considérable. Ils sont dans le commerce général, l'agroalimentaire, l'habillement et la maroquinerie, l'industrie mécanique et dans bien d'autres secteurs tels les articles sanitaires, les produits plastiques, etc. Ces activités se développent avec méthode et précision en s'adaptant au secteur informel qui caractérise l'économie camerounaise. Cela leur permet de ne pas briser les liens avec les acteurs de la vente dans la rue. Leur stratégie de pénétration du marché camerounais touche aussi bien la vente des denrées périssables, le petit commerce, le commerce à la sauvette, la production industrielle et les prestations de service. Cette stratégie se développe suivant deux modèles.

D'une part, la réalisation de grands centres commerciaux spécialisés dans la vente des produits chinois. Les premiers magasins ont ouvert à Yaoundé et ensuite à Douala dans les années 90. Ensuite, en début du millénaire, le déploiement d'un modèle plus agressif, facilement accessible, faisant bien le lien entre la vente en gros et la vente en détail, développant un réseau ramifié de vendeurs à la sauvette. Ce deuxième modèle se présente sous forme d'espaces autonomes de commerce qu'on peut considérer comme des galeries commerciales, qui sont cependant très sobres, sans aucun confort particulier, comprenant des boutiques spécialisées de vente en gros

---

[10] Quotidien Mutations du 27 mars 2013.

et/ou en détail de divers produits caractéristiques de l'offre chinoise : textile, électroménager, mobilier, produits de beauté, vêtements, objets de décoration, motocyclettes et autres engins.

Ainsi, dans la capitale économique Douala, l'immeuble qui abritait le cinéma Le Rex, au quartier Akwa, a connu une étonnante métamorphose. En lettres rouges, une grande enseigne « Cité chinoise du commerce », en français et en chinois, barre la façade. Dans l'ensemble, en 2008, on répertoriait environ soixante-neuf boutiques chinoises à Akwa, trente au marché Congo[11]. Elles sont toutes tenues par des Chinois.

D'autre part, les restaurants chinois avec leurs lanternes rouges et leurs décorations colorées que l'on retrouve dans d'autres pays comme la Russie[12], participent également de la même stratégie de construction du territoire marchand. On peut citer le Salon de thé Pékin à Bonanjo à Douala. On retrouve surtout dans ces restaurants, des mets chinois qui concourent à la promotion de l'art culinaire chinois au Cameroun.

La percée fulgurante des Chinois dans l'économie camerounaise montre bien que les activités commerciales sont leur principale arme de pénétration dans leur pays d'accueil, suivant une démarche d'intégration silencieuse.

---

[11] AMADOU Souleymanou, La présence chinoise au Cameroun : cas des provinces du Centre et du Littoral (1971-2008), Thèse de Master en Histoire Politique et Relations Internationales, FLSH, Université de Ngaoundéré, 2009, p. 70.

[12] SAVELIEV Igor, « Les nouveaux immigrants chinois sur le marché du travail russe : menace ou pari sur l'avenir ? », dans Berger Laurence Roulleau (dir.), Nouvelles migrations chinoises et travail en Europe, Toulouse, Presses Universitaire du Murail, 2007, p. 56.

Il s'avère bien que les migrants chinois sont en train de constituer de véritables empires commerciaux qui peuvent compter sur la fragilité de l'économie camerounaise[13]. Cette dernière nécessite plus que jamais, des solutions concrètes pour répondre aux exigences des populations locales qui ont un pouvoir d'achat très bas. Les produits chinois répondent bien à ce besoin. Leurs coûts défient toute concurrence au point de déstabiliser les intérêts commerciaux des Occidentaux en particulier des Italiens et des Français.

Le développement rapide de ces territoires marchands chinois dans les villes camerounaises n'est pas lié à de simples opportunités. C'est un processus bien étudié qui s'inscrit dans un projet collectif rassemblant des Chinois liés par une forte solidarité clanique, voire familiale, pouvant compter sur des filières d'entraide financière de leur pays et de la diaspora chinoise dans le monde[14]. Ceci est une parfaite illustration de la transformation de la dispersion en ressource décrite par Emmanuel Ma Mung[15]. Ce développement méthodique des commerces ethniques avec ses territoires marchands au Cameroun, confirme les résultats de plusieurs recherches menées dans le contexte européen par Michel Bruneau[16] et E. Ma Mung[17]. L'approche transnationale montre bien que les expériences et les contacts des premiers migrants orientent les itinéraires des migrants successifs.

---

[13] ESOH (E), op. cit.

[14] ESOH (E), op. cit.

[15] MA MUNG Emmanuel, « La dispersion comme ressource », dans Cultures & Conflits, 33-34, 1999, pp. 89-103, site internet : http://conflits.revue.org/index225.html, consulté le 08/02/2014.

[16] BRUNEAU Michel, Diaspora et espaces transnationaux, Paris, Economica, 2004.

[17] MA MUNG (E), La diaspora chinoise : géographie d'une migration, Paris, Ophrys, 2000.

Paragraphe 2 – L'investissement d'autres secteurs économiques

En dehors du commerce, les Chinois commencent aussi à s'imposer dans des secteurs stratégiques tels le pétrole, la réfection des routes, les infrastructures pétrolières, l'immobilier, les télécommunications. Ce qui justifie la présence d'une dizaine d'entreprises chinoises dans les travaux publics. Il s'agit par exemple de la China Road and Bridge, du Groupe des travaux de construction de Shanxi, de la firme chinoise Huawei Technologies.

En ce qui concerne le pétrole, la société Yan Chang Logone Developpment Company Limited (Yan Chang) a signé en avril 2009 avec l'Etat camerounais, un contrat de partage de production visant la recherche et l'exploitation pétrolières sur les blocs Zina et Makary, situés dans la région de l'Extrême-Nord. Le contrat engage cette société à mener des recherches sur les blocs Zina et Makary pendant une période minimale de quatre ans. Au cours de cette période, Yan Chang procédera à l'acquisition, au traitement et à l'interprétation de 1200 km de sismique 2D et au forage d'un puits d'exploration. Ce qui a été un succès. Car, ce forage d'exploration (Zina-1X), qui est le tout premier dans la partie septentrionale du Cameroun, a rencontré une série de réservoirs sableux imprégnés d'hydrocarbures liquides sur une hauteur d'environ 18 mètres, identifiés sur la base des évaluations préliminaires des enregistrements diagraphiques du puits et des observations des géologues sur site.

S'agissant d'autres ressources naturelles, le Président Général de la Société Nationale des Hydrocarbures, Adolphe MOUDIKI, par un communiqué conjoint avec le président d'Addax Petroleum corporation YI ZHANG du 24 septembre 2012, a annoncé la découverte au Cameroun de 20 millions de barils d'huiles et 200 milliards de pieds de cubes de gaz (5,66 milliards de m3).

Cette découverte faite dans le bloc IROKO Bassin du Rio del Rey par Addax Petroleum, filiale du groupe Chinois Sinopec, a reçu l'autorisation exclusive de recherches d'IROKO dans ce bassin.

En dehors de l'exploration, des entreprises chinoises participent à l'exploitation des ressources naturelles au Cameroun. Ainsi, le projet Geovic de Nkamouna a été repris par le chinois JXTC suite à un accord signé avec Jiangxi Rare Metals Tungsten Group Holdings Company Ltd (JXTC), pour le développement et l'exploitation du gisement de cobalt/nickel de Nkamouna à l'Est du pays. L'accord prévoit la cession des 60,5% de parts détenus par Geovic dans le projet, le reste étant détenu par la société publique camerounaise d'investissements (SNI). En rappel, le gisement de Nkamouna détiendrait environ 100 millions de tonnes de minerai, à raison de 0,2% de cobalt, 0,72% de nickel et 3,71% de manganèse.

Dans le domaine de la réfection et la réhabilitation de la voirie, la société China Road and Bridge Corporation (CRBC), spécialisée dans la construction des routes et des ponts, a remporté devant des candidats aussi renommés que le consortium franco-allemand Sogea Satom/Razel et les néerlandais de Koop, l'avis d'offres lancé conjointement par la Banque Mondiale et la Communauté urbaine de Douala concernant une réhabilitation et construction de 12,8 km. Elle a permis au Cameroun de réaliser une économie de 30% par rapport à ses prévisions.

En matière de télécommunications, la société Huawei Technologies conduit les opérations de pose de la fibre optique au Cameroun et offre ses prestations aux opérateurs privés. Huawei construit un réseau à câbles de fibre optique sur 3.200 km sur l'ensemble du pays. Cette infrastructure sera, affirment les techniciens des télécommunications, le fondement du développement des technologies de l'information et de la communication au

Cameroun. A terme, le projet fera du pays un leader dans la sous-région. Le contrat commercial de la construction de cette autoroute des télécommunications, connue aussi sous l'appellation de Backbone, a été signé en 2009 entre l'Etat du Cameroun et la RPC à travers le financement de Eximbank. Le Backbone n'est pas la première action de Huawei au Cameroun. L'entreprise a offert son expertise à la Cameroon Telecommunications (Camtel) pour la mise en œuvre de la technologie CDMA qu'elle utilise pour le CT phone. Le projet fut également financé par Eximbank en 2007. Huawei étend également les réseaux des opérateurs de la téléphonie mobile. Le projet de E-post est en cours avec la Cameroon Postal Services (Campost). Cette entreprise est installée au Cameroun depuis 2005 et emploie plus de 100 personnes dont près de 50% sont des Camerounais.

Si les migrants chinois sont en grande partie respectueux des lois et des Camerounais et travailleurs, leur présence dans l'économie camerounaise comporte cependant quelques limites.

Section 2 – Des activités comportant quelques limites

Les activités commerciales chinoises pour l'instant, se concentrent sur l'import-export. Ce qui ne crée pas de l'emploi sur une grande échelle. Ceci est accentué par l'importation des ouvriers chinois. Qu'il s'agisse d'un « Palais des Sports » ou d'une centrale électrique, l'efficacité et l'ingéniosité chinoises ne peuvent être niées. Toutefois, il y a un prix à payer plus important que l'argent pour faire usage de cette ingéniosité : l'impossibilité de faire participer la communauté locale à la construction de ces infrastructures. La main d'œuvre est « importée » de Chine. Or, au Cameroun comme dans la plupart des pays du continent, le chômage est endémique et des milliers de jeunes sont obligés d'immigrer vers les pays occidentaux au péril de leur vie. En important ses propres effectifs, la corporation chinoise bénéficiant du contrat de construction, fait travailler ses ouvriers mais retire toute possibilité à la communauté locale de diminuer son taux de chômage et de développer de nouvelles expertises dans la construction de mégas projets. Le proverbe suivant illustre le problème et peut très bien s'appliquer au cas camerounais : « Quand un homme a faim, mieux vaut lui apprendre à pêcher que de lui donner un poisson ». Ici malheureusement, on offre des projets clés en main sans jamais offrir le moule. Ceci ne favorise pas une dissémination du savoir-faire chinois dans plusieurs domaines. Pourtant, le Cameroun a besoin des entreprises pour devenir un pays émergent à l'horizon 2035 comme le souhaite son président.

En outre, les importations chinoises au Cameroun portent essentiellement sur des produits finis, prêts à la consommation. Sur le marché national, ces produits fragilisent énormément les secteurs d'activités économiques ci-après : le petit commerce qui comprend la vente de la lingerie féminine, la bonneterie, la confiserie, la biscuiterie, la poterie artisanale, l'industrie textile, l'industrie de la fabrication des piles à charbon, l'industrie de fabrication des chaussures plastiques et le commerce des motos et bicyclettes[18]. Aussi, ces produits chinois communément appelés « chinoiseries » au Cameroun, ne sont pas bien acceptés par la classe moyenne et l'élite qui estiment qu'ils ne sont pas durables.

Il y a également la concurrence des produits chinois et plus aucun métier n'est à l'abri de cette « compétition » comme le démontrent avec beaucoup de pertinence Michel

---

[18] REINHOLD Plate, Coopérations économiques et commerciales Chine-Cameroun : états des lieux, juillet 2005, Friedrich Ebert Stifung, Büro Yaoundé/Cameroun, Cameroun-Info, p. 6.

Serge et Beuret Michel dans la suite de ce paragraphe[19]. Les rues de Yaoundé, Douala, etc., sont pleines de Chinois qui sont mêmes vendeurs ambulants, secteur informel traditionnellement occupé par les populations locales. Les migrants chinois produisent des disques, rivalisent, à l'occasion, avec les vedettes de la musique camerounaise. C'est le cas de Liu du Kamer, musicien chinois décédé en 2006, qui chantait le Makossa en langue duala. Ils sont dans l'industrie du pagne africain où ils imitent des produits locaux à travers les contrefaçons des tissus de CICAM. Comme en Côte d'Ivoire et au Lesotho, les « pagnes africains chinois », copies illégales de modèles locaux fabriqués en Chine, ont envahi les marchés, à des prix imbattables. Les Chinois fixent même les normes de l'industrie de la prostitution en important des prostituées chinoises qui dominent désormais les nuits de plusieurs villes comme Douala dans les quartiers Village ou Carrefour Elf Aéroport et les grands hôtels, comme Mont-Fébé à Yaoundé. Ce qui a conduit à une guerre de sexe surtout à Douala où en juillet 2006, le journal *Le Popoli* rapportait que des prostituées camerounaises, furieuses de la concurrence déloyale, avaient décidé de leur rendre la vie difficile en créant une unité de vigiles pour protéger leur gagne-pain contre l'invasion chinoise. Elles acceptent des passes à 1500 ou 2000 FCFA alors que les professionnelles camerounaises ne descendent pas à moins de 5000 FCFA. Aussi, la concurrence du commerce artisanal local des vanniers, des maroquiniers, des bijoutiers, des tailleurs, se fait ressentir surtout dans la zone appelée « Douche municipale » à Douala. Les Chinois ont franchi le Rubicon en s'emparant des beignets dans les grandes villes du pays : Yaoundé, Douala,

---

[19] MICHEL Serge et BEURET Michel, La Chinafrique. Pékin à la conquête du continent noir, Paris, Grasset, 2008.

Bafoussam, etc. Au Cameroun, le beignet est une véritable institution que l'on surnomme le « ça va se savoir », titre d'une émission de télévision belge où des couples étalent une vie privée rocambolesque. Pour être compétitifs, ces beignets chinois sont vendus à 40 FCFA soit 10 de moins qu'un authentique. La bataille du beignet a commencé, ajoutée aux prostituées chinoises[20].

L'inquiétude grandit également chez les opérateurs de la filière avicole au Cameroun. Surtout depuis l'annonce de la construction du complexe « Huanyu Cameroon » au quartier Mvan à l'entrée Sud de Yaoundé.

Il s'agit d'un projet ayant des objectifs de production de l'ordre de 20 000 poulets de chairs par bande, et 80 000 œufs par jour. Le président de l'Association citoyenne de défense des intérêts collectifs (Acdic) y voit un réel danger. Face à la presse le 16 mai 2008, ce dernier rappelle que l'importation du poulet congelé au Cameroun entraînait la perte de 11 500 emplois dans la filière tous les ans. Selon lui, l'arrivée de l'Empire du Milieu pourrait être tout aussi nuisible. « Le véritable problème avec les Chinois c'est que tout est fermé entre eux. On ne sait pas exactement ce qu'ils sont en train de faire », déclare le président de l'Inter professionnel avicole du Cameroun (Ipavic), Amadou Moussa lors de la même rencontre. Les responsables de l'Acdic et de l'Ipavic indiquent que ces Chinois sont déjà installés dans la province du Sud-ouest, et évoluent dans l'opacité.

Il semble que cette concurrence chinoise dans tous les secteurs d'activité, est une stratégie bien connue des migrants chinois. Car, lorsqu'au Sénégal, les marchands ambulants locaux sont entrés en conflit avec leurs concurrents arrivés de Chine, M. Wang, ancien

[20] MICHEL (S) et BEURET (M), op. cit., p. 204.

ambassadeur chinois au Cameroun, interrogé sur les intentions de Pékin pour régler ces litiges, a eu cette belle réponse : « Entre commerçants, c'est toujours la guerre»[21].

Comme on le perçoit, les adversaires de la présence chinoise au Cameroun ne sont donc pas seulement du côté des entreprises françaises. On commence aussi à rencontrer des commerçants locaux opposés à la présence des Chinois sur le marché camerounais qu'ils qualifient d'invasion et de concurrence déloyale. Pourtant il y a encore quelques années, certains commerçants camerounais faisaient fortune en vendant les produits chinois à des prix nettement plus élevés que ce que proposent les Chinois eux-mêmes. Cette perception négative de la présence chinoise dans l'économie n'est pas exclusive au Cameroun. On la retrouve également dans d'autres pays africains comme le démontrent Sylvie Bredeloup et Brigitte Bertoncello à partir des cas du Sénégal et du Cap Vert[22].

Dans l'ensemble, les Chinois fragilisent l'économie camerounaise comme le confirme d'ailleurs un rapport d'étude de la Fondation Friedrich Ebert. Celui-ci accuse l'Empire du Milieu et met en évidence le manque d'intérêt

---

[21] Cité par KERNEN Antoine, VALLIER Benoît, « Les petits commerçants et entrepreneurs chinois au Mali et au Sénégal », dans Sociétés politiques comparées, n°5, mai 2008, site internet : http//www.fasopo.org, consulté le 30/03/2014.

[22] BREDELOUP Sylvie et BERTONCELLO Brigitte, « La migration chinoise en Afrique : accélérateur du développement ou « sanglot de l'homme noir » ? », Afrique Contemporaine 2/2006, n° 218, p.199-224.

des Chinois pour l'environnement du Cameroun[23]. D'autres migrants chinois déploient des activités médicales qui semblent plus appréciées au Cameroun.

[23] REINHOLD (P), op. cit.

CHAPITRE II

L'ENTREPRENEURIAT MEDICAL ET AGRICOLE

L'entrepreneuriat médical chinois se traduit au Cameroun par la pratique, par des migrants chinois, de la médecine traditionnelle chinoise (MTC)[24]. La présence de cette médecine au Cameroun résulte surtout de l'application de stratégies minutieusement pensées par le gouvernement chinois, stratégies qui déterminent en grande partie sa réception. Cette activité s'inscrit dans sa politique en faveur de la diffusion de la MTC dans le monde et repose sur des investissements et la circulation des personnes. Ce qui démontre que le Cameroun, comme la plupart des pays africains, a adopté ce que Giles Mohan appelle « la réponse de laissez faire » à l'aide et à l'investissement chinois[25]. Sur le plan agricole, les Chinois investissent dans certaines régions du Cameroun.

Section 1 - Politique du Gouvernement chinois en faveur de la diffusion de la MTC dans le monde

Dès la fondation de la RPC (1949), l'Etat chinois a valorisé la MTC en l'intégrant au système de santé publique selon des voies similaires à celle de la biomédecine[26]. Un processus de soutien du gouvernement

---

[24] Ce chapitre reprend en partie une étude que nous avons déjà menée. Il s'agit de POKAM Hilaire de Prince, « La médecine chinoise au Cameroun », dans Perspectives Chinoises, 2011/3, pp. 54-62.

[25] MOHAN Giles, « Chinese migrants in Africa as new agents of development ? An analytical framework », Journal of Development Research *21*, 2009, p. 588-605.

[26] MICOLLIER Evelyne, « Les transformations de la médecine chinoise en Chine : recherche et développement, circulation des savoirs et des pratiques », Communication au 3ème Congrès du Réseau Asie-IMASIE, 26-27-28 sept. 2007, Paris, p. 3.

et de standardisation médicale s'initialisa et aboutit en Chine à la situation actuelle, où la MTC, est désormais utilisée dans de grands hôpitaux universitaires, aux côtés des derniers développements de la médecine occidentale. L'Organisation Mondiale de la Santé (OMS) soutient aussi sa diffusion.

La MTC s'exporte également en Afrique et ce surtout dans le cadre de programmes bilatéraux de coopération. Si ces programmes ont commencé pendant l'ère maoïste sous la forme de programmes de coopération, aujourd'hui ils ressemblent davantage à des entrepreneuriats privés. Venus comme coopérants en Afrique pendant l'ère de Mao, les médecins chinois qui arrivent actuellement sur le continent sont avant tout des entrepreneurs. Ils sont des entrepreneurs privés installés à leur compte, en quête de réussite économique et de renommée en offrant des services en MTC. Le président socialiste tanzanien, Julius Nyerere fut l'un des premiers à faire venir, par centaines, des médecins chinois dans son pays. La RPC y envoya jusqu'à 200 équipes de professionnels de la santé dans les hôpitaux gouvernementaux des principales métropoles du pays. C'était surtout des docteurs ayant déjà épuisé la moitié de leur carrière, respectés pour leur expertise professionnelle et leur aptitude personnelle et choisis par leurs supérieurs hiérarchiques. Ils étaient sous contrat de deux ans. Chacune des 22 provinces chinoises était chargée de « parrainer » un pays africain en vue de l'implantation de la MTC : par exemple le Sichuan pour l'Ouganda, le Shandong pour la Tanzanie et le Jiangsu pour Zanzibar[27]. Malheureusement, à partir de 2001, ces équipes ont vu leur nombre décroître au point de n'être

---

[27] HSU Elisabeth, « Medicine as business : Chinese medicine in Tanzania », :www.ascleiden.nl/Pdf/paper10mei.pdf, *p. 2,* consulté le 27 juillet 2011.

que quatre en Tanzanie[28]. Ce qui est l'inverse en ce qui concerne le Cameroun.

Section 2 - La circulation des personnes favorisée par les investissements médicaux chinois au Cameroun

Les investissements médicaux constituent l'un des secteurs particulièrement visible de la coopération Chine-Cameroun et concernent les infrastructures et le matériel médical.

Immédiatement après l'établissement des relations diplomatiques avec le Cameroun, la Chine a construit les hôpitaux de Guider et Mbalmayo qui sont parmi les plus grands du pays. Les Chinois y ont contribué au développement des services de santé de base à moindre coût. Dans ces cadres, se déploie une médecine mixte, occidentale et traditionnelle chinoise.

Les migrations chinoises dans le monde contemporain poursuivent un processus, amorcé depuis plusieurs siècles, qui a connu une forte ampleur à partir du milieu du XIXe siècle. Dans cette longue histoire, l'ouverture de la Chine et la libéralisation des conditions d'émigration à partir de 1985, ont produit une reprise de ces migrations. Entre 1982 et 2000, le nombre annuel de migrants chinois est passé de 56 930 à 756 626 selon les recensements de Pékin[29]. En dehors de l'Asie du Sud-est, les autres destinations sont le monde occidental au sens large : l'Amérique du Nord, l'Europe occidentale et l'Australasie.

La migration chinoise vers l'Afrique existe, quant à elle, depuis au moins 500 ans, mais s'est accélérée surtout

---

[28] HSU (E), op. cit., p. 2

[29] ROULLEAU-BERGER Laurence, « Nouvelles migrations chinoises et marchés du travail », dans Laurence Roulleau-Berger (dir.), Nouvelles migrations chinoises et travail en Europe, Toulouse, Presses Universitaires du Murail, 2007, p. 33.

ces cinq dernières années[30]. Il existe trois phases de migrations chinoises en Afrique. S'il y a déjà eu, entre 1850-1950, des contacts entre la Chine et l'Afrique à travers l'océan indien, cependant, la migration systématique n'a véritablement débuté qu'à partir du milieu du XIXe siècle et fut surtout destinée alors à fournir de la main d'œuvre au travail colonial. Entre 1960-1980, avec la formation de la RPC et la guerre froide, les relations entre la Chine et l'Afrique sont entrées dans une troisième phase plus politique. L'aide chinoise était alors utilisée pour cimenter la solidarité Sud-Sud dans plusieurs domaines tels que l'agriculture et la médecine[31]. Réalisant des opportunités économiques, certains migrants ont entrepris des pratiques médicales privées de MTC[32]. De 1990 jusqu'à nos jours, l'accélération de la migration sera due aux réformes économiques chinoises initiées à la fin des années 70, et se fera de façon encore plus marquée ces dernières années.

Emmanuel Ma Mung note ainsi que depuis la fin des années 1990, l'Afrique a connu une croissance de migrants chinois. Il distingue trois types de migration d'origine chinoise : la migration temporaire de travail, la migration prolétarienne de transit et la migration entrepreneuriale[33]. Ajoutons l'apparition, depuis l'ouverture des frontières de la Chine dans les années 80,

---

[30] MOHAN Giles et KALE Dinar, « The invisible hand of South-South globalisation : Chinese migrants in Africa », in A Report for the Rockefeller Foundation prepared by The Development Policy and Practice Department, The Open University, Milton Keynes, MK7 6AA, UK october 2007, p. 2.

[31] MOHAN (G) et KALE (D), op. cit., p. 9.

[32] HSU (E), « Zanzibar and its Chinese Communities », Populations, Space and Place, n° 13, 2007, p. 113-124.

[33] MA MUNG (E), « Chinese migrations and China's policy in Africa », Journal of Chinese Over-Seas, vol. 4, n° 1, p. 91-109.

d'une nouvelle migration composée en partie d'étudiants, de commerçants et de médecins sur laquelle les autorités chinoises appuient leur influence politique. Cet encouragement de la migration par le Gouvernement chinois est bien perceptible à travers son soutien aux personnels médicaux chinois au Cameroun, qui font partie de « nouveaux migrants ».

La Chine encourage la migration de ses médecins en négociant leur mobilité dans les accords qu'elle signe avec le Cameroun dans le domaine de la coopération sanitaire. Ensuite, elle aménage leur séjour. Ainsi, en 2006, 44 nouveaux médecins chinois sont arrivés pour relayer l'équipe en place depuis deux ans. Pour les accueillir, deux conventions ont été signées entre la RPC et le Cameroun. La première portait contrat d'exécution des travaux de construction des logements pour l'équipe de Yaoundé, d'un montant de 650 millions de FCFA.

François Wassouni fait observer dans un article dont nous allons nous inspirer énormément dans cette partie de notre étude, que les réalisations structurelles du Gouvernement chinois dans le secteur sanitaire, ont donné lieu, depuis 1975, à l'immigration provisoire de nombreux médecins chinois[34]. Un protocole d'accord relatif à l'envoi, par la Chine, d'une équipe médicale a été signé le 9 juin 1975[35]. Ce document stipule que chaque équipe chinoise a un mandat de deux ans. Sa tâche est de coopérer étroitement avec le personnel médical camerounais afin de lui fournir son assistance en médecine curative, de travailler en coordination avec les collaborateurs médicaux

---

[34] WASSOUNI François, « La présence chinoise au Cameroun et son influence sur les pratiques de santé », dans Revue de Sociologie, d'Anthropologie et de Psychologie, n° 2, Université Cheik Anta Diop, Faculté des Lettres et Sciences Humaines, 2010, p. 96.

[35] Ibid., p. 100.

et paramédicaux, d'échanger les expériences, d'enseigner les techniques médicales et de favoriser éventuellement la formation des Camerounais en Chine[36]. Ce protocole d'accord est signé à chaque renouvellement d'équipe. Il a donc connu plusieurs révisions entre 1975 et 2014. Entre 1980-1985, la coopération marque un temps d'arrêt avec la suspension du séjour des équipes chinoises. Elle reprend en 1985 avec la signature d'un nouvel accord.

Il est à noter qu'avant l'envoi des missions médicales, il y a eu la construction de l'Hôpital gynéco-obstétrique et pédiatrique de Yaoundé, l'Hôpital gynéco-obstétrique et pédiatrique de Douala, l'octroi des médicaments, l'établissement d'un centre anti-paludisme, la formation du personnel sanitaire et la mission d'experts pour le plateau technique de trois hôpitaux.

Le ministère camerounais de la Santé choisit les localités d'intervention des équipes. Mbalmayo dans la région du Centre, Guider dans la région du Nord et Yaoundé la capitale politique, ont été retenues. Les bases de cette coopération étant jetées, les premières équipes arrivent à Mbalmayo dès 1975 et Guider à la fin de l'année 1976[37].

L'équipe chinoise comprend généralement une dizaine de personnes par site d'activité. La première qui débarque à Guider en 1976, comporte 14 personnes aux spécialités variées[38] surtout composée de spécialistes tandis que les

---

[36] Archives non classées du Ministère de la Santé, « Protocole d'accord entre la République Unie du Cameroun et la PRC relatif à l'envoi par la Chine d'une équipe médicale au Cameroun », 1975 citées par F. Wassouni, op. cit., p. 100.

[37] WASSOUNI (F), op., cit, p. 100.

[38] Il s'agissait de 2 chirurgiens (1 orthopédiste et 1 généraliste), 1 ophtalmologue, 1 radiologue, 1 spécialiste de l'ortho-rhino-laryngologie, 1 acupuncteur, 1 gynéco-obstétricien, 1 anesthésiste, 1

médecins camerounais sont, pour la plupart, des généralistes[39].

La 17e mission médicale chinoise arrivée au Cameroun en 2014, comprend des pédiatres, des orthopédistes, des anesthésistes, des acupuncteurs, des radiologues, des chirurgiens, des gynécologues, des pharmaciens, des stomatologues et des généralistes[40].

Ce sont au total 45 médecins composés de 31 nouveaux membres et des 14 restés de la 16e mission. Comme les précédentes missions, ils vont œuvrer pendant deux ans dans trois hôpitaux où travaillent les autres missions.

Entre 1975 et 2014, seize missions chinoises ont donc travaillé au Cameroun, soit un total de 537 médecins selon l'ambassadeur chinois Wo Ruidi, lors de la cérémonie officielle d'accueil de la 17e mission[41].

Tous ces médecins arrivés font l'expérience de l'expatriation pour la durée de deux ans prévue par le protocole d'accord. Sous le régime de Julius Nyerere en Tanzanie, les contrats des médecins chinois étaient également de deux ans[42]. Mais, contrairement à ceux de Tanzanie qui ont travaillé pour les équipes d'aide dans le cadre de la coopération dans les années 70 et sont restés pour développer des pratiques privées utilisant les technologies médicales chinoises et occidentales, les médecins chinois au Cameroun rentrent à la fin de leur mandat. Ceux qui veulent rester quatre ans doivent

---

cuisinier, 1 interprète et 1 chauffeur. Données venant WASSOUNI (F), ibid., p. 100.

[39] Ibid., p. 101.

[40] Journal du Cameroun.com, consulté le 04/12/2014.

[41] Ibid.

[42] HSU (E), « Medicine as business : Chinese medicine in Tanzania », op. cit. , p. 2.

négocier âprement pour pouvoir proroger leur contrat[43]. Tel est le cas du Pr. Tang, chef général de la mission de 2010-2013. Il en est à son deuxième séjour, après une première mission à Guider entre 1978-1981. Une tendance s'observe actuellement, celle de certains médecins qui se font intégrer dans la mission suivante. C'est le cas de la 17e mission qui compte en son sein 14 restés de la 16e mission. Parmi cette mission, « certains sont revenus deux ou trois fois au Cameroun »[44], selon M. Wo Ruidi, ambassadeur chinois au Cameroun

Dans l'ensemble, ces médecins viennent et rentrent en groupe[45]. Aucun d'eux, jusqu'à présent, n'est revenu au Cameroun s'installer dans le privé comme certains des praticiens chinois de Tanzanie dont parle Elisabeth Hsu[46].

Dans ces hôpitaux, le personnel soignant chinois travaille en collaboration avec le personnel camerounais qui l'assiste en découvrant et en assimilant les connaissances de la MTC, malgré les difficultés linguistiques[47]. A l'hôpital de Ngousso par exemple, spécialistes camerounais et chinois pratiquent en parfaite symbiose. Ce centre sanitaire se différencie des autres par la qualité de son personnel. Les patients qui y ont recours, ont la possibilité d'être pris en charge soit par un médecin camerounais, soit par un médecin chinois.

Section 3 – La présence sur le marché des médicaments

Le gouvernement chinois est aussi présent dans la distribution des médicaments au Cameroun. D'une part à

---

43 Entretien avec une infirmière à l'hôpital chinois de Yaoundé, le 11 juillet 2011.

44 Cité par Journal du Cameroun.com, consulté le 04/12/2014.

45 Ibid.

46 HSU (E), « Medicine as business : Chinese medicine in Tanzania », op. cit., « Zanzibar and its Chinese Communities », op. cit.

47 WASSOUNI (F), op. cit., p. 101.

travers les pharmacies des hôpitaux de Yaoundé, Mbalmayo et de Guider, qui vendent aux patients consultés par les médecins chinois, des produits de la MTC en application du protocole d'accord de 1975. D'autre part, par le biais de la « Chinese Pharmaceutical Cameroon ». Cette société, agréée par le ministère de la Santé publique, a pénétré le secteur public de la santé au Cameroun. Elle a l'exclusivité de la distribution d'un médicament destiné au traitement du paludisme et fabriqué par « Guilin Southern Pharmaceutical », un laboratoire chinois de la ville de Guilin[48]. Recommandé par l'OMS depuis 2004, ce produit se présente sous deux formes et comme traitement unique : en injection, il porte le nom d'Artesunate et, sous la forme de comprimés, celui d'Arsuamoon. L'Arsuamoon peut être utilisé dans le traitement de toutes les formes de paludisme alors que l'Artesunate intervient surtout dans le traitement des cas liés au neuro-paludisme et aussi, en urgence, pour les cas critiques, comme par exemple les patients tombés dans le coma. Pour lutter efficacement contre la maladie, l'OMS a proposé une combinaison entre Artesunate et Amodiaquine. Ces médicaments sont très bien accueillis par le public du fait de leur efficacité et des coûts nettement moins élevés que les autres produits qui existent contre le paludisme. Ils sont officiellement vendus au Cameroun depuis avril 2008[49].

Toutes ces politiques d'incitation de l'Etat chinois en matière de diffusion de la MTC au Cameroun, ont produit divers effets et généré même plusieurs formes de MTC.

---

[48] WASSOUNI (F), op. cit., p. 107.
[49] Ibid., p. 107-108.

Section 4 – Réception de la MTC au Cameroun

La réception de la MTC au Cameroun est surtout favorisée par une insuffisance des infrastructures sanitaires existantes incapables de résoudre tous les problèmes de santé de la population. Cette carence a ouvert la voie à plusieurs formes de pratiques, par le biais d'ouvertures de cabinets privés et la vente de produits de MTC. Ce phénomène, en partie problématique et suscitant débats, a commencé entre la fin des années 1990 et le début des années 2000[50].

Paragraphe 1 - Un état des infrastructures médicales propice à la MTC

Le système de santé camerounais est organisé en trois niveaux dont chacun dispose de structures administratives, de formations sanitaires et de structures de dialogues relatives aux fonctions spécifiques. Le niveau central comprend les services centraux du Ministère de la Santé publique, des hôpitaux généraux, le CHU et les hôpitaux centraux. Le niveau intermédiaire comprend les Directions régionales de la santé publique, les hôpitaux régionaux et assimilés. Le niveau périphérique comprend les Services de santé de district, les Centres médicaux d'arrondissement, les Centres de santé intégrés au sein des aires de santé. Le secteur de la santé est divisé en trois sous-secteurs : public, privé, médecine traditionnelle.

Dans l'ensemble, le système de santé camerounais compte 4 hôpitaux généraux, 4 hôpitaux centraux, 11 hôpitaux régionaux, 164 hôpitaux de district, 155 centres médicaux d'arrondissement et 1888 centres de santé intégrés dont 1600 sont fonctionnels. Il faut y ajouter 93 hôpitaux privés, 193 centres de santé privés à but non

---

[50] Ibid., p. 102.

lucratif, 289 cliniques/polycliniques et 384 cabinets de soins. En outre, il faut compter 12 laboratoires d'analyses médicales agréés dont le Centre Pasteur constitue la référence, 5 fabricants de médicaments, 14 grossistes, 331 officines, 1 Centrale nationale d'approvisionnement en médicaments et consommables médicaux essentiels, 10 centres d'approvisionnement pharmaceutiques régionaux, 3 facultés publiques de médecine et 1 faculté privée de médecine, enfin 39 établissements de formation du personnel médico-sanitaire.

Paragraphe 2 - Une pratique de la MTC concentrée principalement dans des cabinets privés

La MTC se pratique dans des cabinets appartenant à des Chinois ou à des Camerounais. L'émergence de ces cabinets se situe dans un contexte où les structures de soins privés, spécialisées surtout dans la médecine traditionnelle africaine, sont en plein essor dans les villes camerounaises[51]. Ces formes de médecine aux appellations diverses, sont devenues l'un des faits marquants de l'histoire de la santé au Cameroun, en Afrique et même en Occident[52], à tel point que le commentaire de Olivier Schmitz à propos de l'Europe selon lequel « la coexistence d'une multiplicité de médecines est devenue monnaie courante et plus personne ne s'en étonne »[53], pourrait bien s'appliquer au Cameroun.

Plusieurs cabinets privés de la MTC sont détenus par des médecins chinois au Cameroun, d'autres sont plutôt des cliniques saisonnières. Ces médecins se comportent ici en entrepreneurs privés comme ceux qu'on rencontre en

---

[51] WASSOUNI (F), op. cit., p. 104.

[52] Ibid., p.102.

[53] SCHMITZ Olivier cité par WASSOUNI (F), ibid., p. 102.

Tanzanie[54]. Si certains cabinets sont agréés par les autorités camerounaises, d'autres, plus nombreux, n'ont pas de statut légal. Nos enquêtes ne nous ont pas permis de connaître le nombre exact de cabinets, ni même de médecins chinois en exercice.

Nous avons pu rencontrer Dr Yen[55], spécialiste de médecine interne formé en Chine. La teneur de notre entretien donne une idée de ce que peut être un cabinet de MTC détenu par les médecins chinois.

La clinique Saint Esprit existe dans le cadre d'une coopération bilatérale entre un organisme privé et un engagement partiel de l'Etat camerounais qui a donné l'autorisation pour sa création et son ouverture le 1er janvier 1999. Des médecins chinois viennent depuis lors de Chine pour deux ans de pratique avant de retourner dans leur pays. Ce changement régulier engendre, selon le Dr Yen, une mobilité favorable à l'efficacité du travail médical.

Son établissement est équipé de matériel de gastroscopie, échographie, radiographie, électrocardiographie, laboratoire, physiothérapie. Il comprend une pharmacie contenant surtout des remèdes traditionnels chinois. Ses différents services sont : médecine générale, chirurgie, gynécologie obstétrique, pédiatrie, oto-rhino-laryngologie, acupuncture, massage.

Cette clinique ne prescrit que les médicaments de MTC vendus sur place. Elle associe parfois la médecine traditionnelle locale au traitement. Le patient doit débourser une somme de 2000 FCFA pour l'ouverture d'un dossier sanitaire en vue d'une consultation.

---

[54] HSU (E), « Medicine as business : Chinese medicine in Tanzania", op. cit., p. 8-16.

[55] Entretien avec Dr Yen de la clinique chinoise Saint Esprit de Bafoussam le 20 juillet 2011.

Elle n'a aucun partenariat avec les cabinets détenus par d'autres Chinois. Cependant, un partenariat avec la médecine traditionnelle locale est en cours. C'est dans cette perspective que son surveillant général est un naturopathe camerounais. En cas de rupture de stocks de médicaments chinois, certains patients sont envoyés à l'hôpital de Ngousso où ils peuvent les obtenir rapidement. Dans cet établissement, les médecins chinois sont en train de former leurs employés camerounais à la MTC. C'est le cas du pharmacien qui pratique déjà l'acupuncture et le massage[56].

Les difficultés que rencontre Dr Yen sont avant tout linguistiques. Pour les surmonter, les médecins chinois ont élaboré un dictionnaire français-chinois. Tous les employés s'efforcent aussi d'apprendre le chinois. De plus, des problèmes causés par le climat modifient la composition chimique des plantes. C'est la raison pour laquelle les médecins continuent de faire venir de Chine des médicaments déjà prêts à l'usage.

Comme le démontre Elisabeth Hsu à propos de la Tanzanie, certains médecins chinois sont très mobiles. Ils viennent au Cameroun en équipe, montent des cliniques saisonnières dans plusieurs villes pour une durée limitée. Ils étaient par exemple à Bafoussam en 2008, à Dschang en 2009 et à Bandjoun au début de l'année 2011. Certains négocient auprès des hôpitaux publics un local pour leurs consultations. Ainsi, l'hôpital de district de Yom à Bandjoun a servi de cadre à une équipe en début de 2011. D'autres louent des locaux chez des particuliers. A Dschang, trois équipes médicales sont venues pour six mois de travail chacune. Pour leur promotion publicitaire, certaines équipes annoncent leur arrivée à l'occasion de

[56] Entretien avec le Pr Ndediffo Albert, directeur de la clinique Saint Esprit le 20 juillet 2011.

rassemblements ecclésiaux, y apportant leurs médicaments et indiquant leurs lieux et horaires de consultations. Le problème de ce genre de clinique est le suivi des malades. Car, il n'est pas sûr que toutes les maladies détectées soient soignées pendant la période de présence des médecins.

Les Camerounais ont de plus en plus recours à l'acupuncture qui se pratique surtout dans des centres privés. Elle a été découverte il y a une trentaine d'années, à la faveur de la coopération sino-camerounaise dans le domaine de la santé et grâce aux efforts déployés par le Dr Langueu qui a effectué sa formation en MTC en Chine[57]. Sa particularité réside dans les types de maladies traitées : paralysies, rhumatismes, diabète, hypertension artérielle, problèmes de nerfs, etc. Il y a quelques années, l'hôpital chinois de Mbalmayo était le seul endroit approprié pour de tels soins. Aujourd'hui, la démarche est identique tant dans les hôpitaux que les cliniques privées. Chaque séance coûte entre 10 000 et 15 000 FCFA.

Paragraphe 3 - La promotion et vente de médicaments de la MTC par des firmes privées chinoises

Les médicaments de la MTC ne sont pas seulement vendus par les hôpitaux et les cabinets privés, mais aussi par des entreprises privées et des particuliers.

Certaines entreprises privées chinoises sont promotrices des médicaments traditionnels chinois. Elles les conditionnent et les commercialisent ou les administrent à des patients au Cameroun. Elles forment également

---

[57] Il a fait ses études en Chine à partir de 1969 et était l'un des premiers Africains à bénéficier des structures de formations chinoises en médecine traditionnelle chinoise. Dès son retour en 1977, il est nommé codirecteur des hôpitaux chinois et a donc travaillé constamment avec les équipes médicales chinoises de ces institutions sanitaires.

d'autres Camerounais en Chine ou sur place. Il s'agit de : TIANSHI, TASLI, SOMAI et MEILUN[58].

La rue est devenue, depuis quelques années, comme le constate également F. Wassouni, l'endroit privilégié pour la distribution des produits de la MTC. « Artères des villes, agences de voyage reliant les grandes métropoles et trains voyageurs assurant la liaison entre le Nord et le Sud, se sont ainsi révélés être des cadres idéaux de vulgarisation des médicaments chinois »[59]. La distribution est assurée par des Camerounais recrutés et formés par les entreprises de MTC chinoises ou ceux qui se ravitaillent à leur propre compte sur le marché. Ils sont généralement bien instruits, se présentent comme des docteurs afin de mieux persuader leurs éventuels clients. Ils sont de véritables spécialistes du marketing de ces produits. Selon Teje Gaétan, « la stratégie de marketing consiste à faire connaître, faire aimer, faire acheter et faire parler des produits de MTC qu'on a mission de promouvoir »[60].

Un Chinois s'est également spécialisé dans cette vente. Résidant à Maroua, une ville de la région de l'Extrême-nord du Cameroun, il sillonne les quartiers pour vendre les médicaments. Son activité rappelle celle de certains de ses compatriotes dans la ville de N'Djamena au Tchad[61].

Paragraphe 4 - Une pratique médicale partiellement problématique

La pratique de la MTC au Cameroun comporte par conséquent plusieurs problèmes qui sont loin d'être résolus. Le premier est celui de la langue. Les Chinois

---

[58] Entretien avec Djouatsa Simon, distributeur et guérisseur dans l'entreprise MEILUN à Dschang, le 30 mai 2011.

[59] WASSOUNI (F), op. cit., p. 105.

[60] Teje Gaétan, cité par WASSOUNI (F), op. cit., p. 105.

[61] WASSOUNI (F), op. cit., p. 106.

rencontrent d'ailleurs cette difficulté dans tous les pays africains[62]. Maîtrisant surtout le chinois, les médecins ont de la peine à communiquer en français ou en anglais. A l'hôpital de Yaoundé, « certains médecins se débrouillent en anglais sans avoir besoin de traducteurs, d'autres sont assistés de traducteurs »[63]. C'est la raison pour laquelle son directeur, le Pr Doh, a suggéré que les Chinois prennent quelques cours de français ou d'anglais avant d'arriver au Cameroun. Un autre problème est l'entrée des « charlatans » dans le secteur ainsi que la prolifération des cliniques privées.

Des « charlatans » formés sur le tas, constituent un grand danger pour la santé publique. « Ils donnent une mauvaise impression de la MTC au Cameroun, la discréditent et constituent un danger. Ils empêchent les malades de se faire consulter normalement »[64]. Heureusement que plusieurs associations professionnelles se sont créées depuis 1998 dont surtout trois associations de spécialistes camerounais regroupées au sein de l'Association Camerounaise de promotion de la MTC[65]. Elles tentent de réguler les frontières de ce métier en contribuant à une définition et une distinction plus précise entre les « charlatans » et les « vrais » médecins. Nous n'avons malheureusement pas réussi à rencontrer de membre de ces associations. Nous avons eu un entretien avec un responsable d'une autre association, l'Organisation pour le secteur de la médecine traditionnelle de l'Ouest (OSEMETO). Elle pratique la médecine chinoise et compte actuellement 700 membres. Elle se propose de vulgariser la MTC par des séminaires

---

62 MOHAN (G), op. cit., p. 19.
63 Entretien avec une infirmière, op.cit.
64 Entretien avec le Dr Langueu, op. cit.
65 WASSOUNI (F), op. cit., p. 110.

en collaboration avec les associations d'autres régions du pays[66]. La vitalité de ces organisations témoigne que, malgré les dysfonctionnements qui entourent sa pratique, la MTC représente néanmoins une activité bénéfique pour le Cameroun et la Chine.

Les autorités camerounaises en charge des questions de santé ont également réagi. C'est ainsi que cette activité a reçu d'abord un blâme de l'Ordre National des Médecins et des autorités sanitaires. Ensuite, entre 1997-2000, une campagne répressive a été organisée dans le but de réglementer cette activité. Plusieurs cabinets de soins ont été fermés. Enfin, le Ministère de la Santé Publique a créé en 1999, la Commission d'identification et de fermeture des cliniques non détentrices d'agrément. Dans la ville de Yaoundé, plusieurs cliniques détenues par les Chinois ont été fermées tandis que celles en main de Camerounais sont souvent maintenues, mais reçoivent interdiction de pratiquer l'acupuncture afin d'éviter la transmission du VIH/SIDA. En 2009, trois autres formations sanitaires ont été fermées à Douala parmi lesquelles le centre de médecine chinoise du Dr Liu et le cabinet médical chinois, Family Life Welfare, accusés de pratique illégale de la médecine[67]. D'après le délégué provincial de la Santé pour le Littoral : « La médecine chinoise est conventionnée au Cameroun. Le gouvernement, par l'intermédiaire du ministère de la Santé publique, a signé une convention avec le ministère de la Santé chinoise. A cet effet, la réglementation ne reconnaît que les hôpitaux chinois de Mbalmayo et de Figuil, l'hôpital Gynéco-obstétrique de Ngousso, et bientôt celui de Douala. Les autres structures, quant à elles, sont illégales. Dans la mesure où la plupart

[66] Entretien avec Pr Ndediffo, op. cit.
[67] WASSOUNI (F), op. cit., p. 112.

ne respectent pas la réglementation en vigueur et sont sans papiers ».

Tout compte fait, les migrants chinois ont effectivement investi l'espace économique et médical camerounais au travers de leurs multiples activités. Ils s'engagent de plus en plus dans l'agriculture et l'élevage.

Section 5 – L'engagement des Chinois dans l'agriculture

En 2006, l'État camerounais a cédé 10 000 ha de terres agricoles pour une durée de 99 ans à Sino Cam Iko Agriculture development Co. Ltd, une multinationale chinoise spécialisée dans la production, la transformation et la commercialisation de produits agricoles. L'entreprise chinoise s'est installée sur trois sites dont Ndjoré (un site de 4000 hectares situé à 100 kilomètres de la capitale camerounaise) et Nanga-Eboko (2 000 hectares situés à 170 kilomètres de Yaoundé), des espaces réputés pour leur fertilité exceptionnelle. A Nanga-Eboko, elle a planté des cultures expérimentales de fruits et légumes, de maïs ainsi que 200 variétés de riz ; Ndjoré est consacré à la culture du manioc. La Chine vise également 4000 ha de terres à Santchou, dans la région de l'Ouest pour la même cause. Selon un accord de partenariat signé avec le ministère de l'Agriculture et du développement rural, l'entreprise chinoise doit produire, conditionner et vendre les produits qui sortent de ces plantations. En retour, elle apportera une aide de 2,8 milliards de FCFA pour raviver le potentiel agricole du Cameroun. Les responsables de l'entreprise indiquent qu'à terme, 100 000 tonnes métriques de céréales sortiront de ces exploitations pour nourrir plus de 600 000 personnes. L'entreprise emploie près de 1000 personnes. D'après des experts du ministère camerounais de l'agriculture, la production de riz au Cameroun par les Chinois devrait contribuer à réduire les importations : 400

000 tonnes par an pour une production locale de 50 000 tonnes. La Chine a également fait un don d'engins de forage au Centre National d'Etudes et Expérimentation du Machinisme Agricole.

Les autorités chinoises accordent une grande importance à ce secteur agricole. Car, selon l'ancien ambassadeur de Chine au Cameroun Xue Jinwei, « à propos des domaines potentiels, le premier est toujours les infrastructures. En plus de cela, c'est l'agriculture. La nourriture est très importante pour le peuple. Le Cameroun est riche en ressources agricoles, son climat et ses conditions géographiques sont idéales pour la culture »[68]. Une grande partie de leur production est exportée en Chine, l'objectif étant d'assurer la sécurité alimentaire du pays.

Le Chef de l'Etat camerounais a, au cours de son entretien avec le vice-Premier ministre chinois lors de sa visite au Cameroun, manifesté son ambition de développer ce secteur agricole camerounais, notamment la culture du riz et du maïs. Il a sollicité l'expertise chinoise pour atteindre l'auto-suffisance alimentaire et faire du Cameroun un grand exportateur de ces denrées dans la sous-région. Une vision entièrement partagée par son interlocuteur.

Cependant, l'occupation des terres arables par les entrepreneurs chinois est diversement appréciée au Cameroun. Alors que les autorités soutiennent que l'expertise chinoise peut aider à accroître la production agricole de manière considérable, les populations locales, souvent exclues des négociations, crient à l'exploitation de

---

[68] Interview accordée à Simon Pierre Etoundi, Cameroon Tribune du 16/11/2010.

la main d'œuvre locale, aux conditions de travail déplorables et à l'exportation d'une grande partie de la production chinoise au Cameroun au détriment de la consommation locale[69].

Ces différentes activités résultant des différentes migrations chinoises au Cameroun que nous venons d'explorer, contribuent toutes malgré les effets pervers qu'elles produisent, à la « stratégie gagnant-gagnant-gagnant ».

---

[69] GWETH Guy, « La stratégie de puissance chinoise en Afrique vue du Cameroun », site internet : www.bolyabaenga.org/index.php?...chine...guy-gweth..., consulté le 13-05-2011.

DEUXIEME PARTIE

UNE PARTICIPATION CONTRIBUANT A LA STRATEGIE « GAGNANT, GAGNANT, GAGNANT »

La participation des migrants chinois au développement au Cameroun contribue à la stratégie « gagnant-gagnant-gagnant » dans la mesure où elle est bénéfique tant pour le pays d'origine que pour le pays d'accueil et les migrants eux-mêmes. Ce qui signifie effectivement que les migrants s'illustrent comme des acteurs transnationaux du développement et ne sont plus « perçus collectivement comme une préoccupation, voire comme un fardeau »[70]. Cette idée conforte celle de la communauté internationale qui s'est récemment rendue compte que le phénomène de l'immigration ne devait pas être purement considéré comme un problème d'ordre public, mais qu'il pouvait constituer une richesse aussi bien pour les pays d'accueil que pour ceux de départ. Et la conférence sur la Population et le développement qui s'est déroulée au Caire en 1994 a été une étape importante en vue de la mise en place des politiques de coopération satisfaisantes. Elle a eu également le mérite de reconnaître aux migrations le rôle de facteur de développement dans le cadre de la coopération internationale[71].

---

70 BADIE Bertrand, BRAUMAN Rony, DECAUX Emmanuel, DEVIN Guillaume, WITHOL DE WENDEN Cathérine, Pour un autre regard sur les migrations. Construire une gouvernance mondiale, Paris, La Découverte, 2008, p. 9.

71 CAGIANO DE AZEVEDO Rainmondo et MAZZA Sabina, « Les migrations : un facteur de sécurité internationale », dans Les migrations internationales. Observation, analyse et perspectives, Colloque international de Budapest (Hongrie, 20-24 septembre 2004), AIDELF, PUF, 2007, p. 493.

CHAPITRE III

LA CONTRIBUTION DE LA MIGRATION CHINOISE A LA CONSTRUCTION DE LA STATURE DE GRANDE PUISSANCE DU PAYS D'ORIGINE

L'analyse contemporaine des migrations, qui s'est beaucoup renouvelée, souligne aujourd'hui la nécessité de ne plus considérer le migrant uniquement dans l'environnement de la société d'accueil mais aussi en fonction des liens qu'il conserve avec son pays d'origine[72]. Cette observation d'Antoine Kernen qui est indispensable pour une bonne compréhension du monde contemporain[73], nous laisse suggérer que l'engagement des migrants chinois au Cameroun produit une interdépendance[74] entre eux et leur pays d'origine. Il se traduit par la politisation[75] de cette diaspora par le Gouvernement chinois et sa construction comme ressource. Car, « les migrants tendent à conserver des liens avec leurs régions d'origine et ces

---

[72] KERNEN Antoine, « Les stratégies chinoises en Afrique : du pétrole aux bassines en plastique », Politique Africaine, n° 105, mars 2007, p. 176.

[73] Selon D. Battistella, « si l'on veut accéder à une bonne compréhension du monde contemporain, l'étude des effets réciproques entre relations transnationales et système interétatique est indispensable », BATTISTELLA Dario, Théories des relations internationales, Paris, PFNSP, 2009, p. 182-183.

[74] L'interdépendance est entendue ici comme « situation caractérisée par des effets réciproques entre pays ou entre acteurs dans des pays différents », BATTISTELLA (D), op. cit., p. 186.

[75] C'est-à-dire « sa prise en charge par des acteurs suffisamment influents pour le constituer en objet de débat sur la scène politique institutionnelle ou médiatique », HERMET Guy, BADIE Bertrand, BIRBAUM Pierre, BRAUD Philippe, Dictionnaire de la Science Politique, Paris, A. Colin, 1998, p. 218.

liens apparaissent comme autant de possibles leviers du développement pour les régions concernées »[76].

Jérôme Elie, Marylène Lieber et Christine Lutringer, ont bien observé ce même phénomène non seulement en Chine mais également en Inde en écrivant que : « si la Chine et l'Inde ne sont plus à proprement parler des pays « en développement » et posent désormais de sérieux problèmes de compétition aux pays du Nord, il apparaît que leur développement économique et social a été en partie rendu possible par les contributions et les investissements de leurs communautés vivant à l'étranger, que ce soit en termes des transferts de fonds directs ou via des voies indirectes, telles que les transferts de compétences, de savoir-faire ou d'idées »[77].

C'est la raison pour laquelle le concept de diaspora est politisé de diverses manières[78] dans la mesure où la Chine fait usage de sa diaspora dans la poursuite de ses objectifs politiques et économiques. Le concept est invoqué pour mobiliser le soutien à un projet politique et économique. Tout ceci ayant pour commun horizon, la construction de la stature de grande puissance de l'Empire du Milieu à travers les activités de la population chinoise au Cameroun[79]. Ce qui démontre en outre que le phénomène

---

[76] BADIE (B) et al, op. cit., p. 39.

[77] ELIE Jérôme, LIEBER Marylène et LUTRINGER Christine, « Migration et développement : les politiques de la Chine et de l'Inde à l'égard de leurs communautés d'outre-mer », dans Revue Internationale de politique de développement, 2/2011, [En ligne], 2 | 2011, mis en ligne le 5 mai 2011. Repéré sur URL http://poldev.revues.org/710 ; DOI : 10.4000/poldev.710), p. 216, consulté le 16/04/2014.

[78] FAIST (T) op. cit., p. 11.

[79] Carine Pina-Guérassimoff démontre également ailleurs comment la Chine engage la mobilité au service de sa puissance, voir à cet effet

de la migration chinoise au Cameroun s'explique en partie par le modèle *push and pull factors*[80].

Section 1 – La politisation de la diaspora par le Gouvernement chinois

La Chine promeut activement une interaction transnationale auprès de sa diaspora et même en sa faveur en se posant en agent de sa construction. Tout d'abord, elle favorise son accroissement en Afrique à travers l'exportation de main d'œuvre : « un double phénomène tend à indiquer une volonté d'ancrer dans la durée cette présence. Car, la diaspora chinoise n'était que faiblement présente en Afrique - essentiellement à Madagascar et en Afrique du Sud. Le nombre de ressortissants chinois en Afrique est désormais de 130 000 et pourrait doubler dans les cinq années à venir. Un tel accroissement est favorisé par Pékin, notamment par l'« exportation » de main d'œuvre »[81].

PINA-GUERASSIMOFF Carine, La Chine et sa nouvelle diaspora. La mobilité au service de la puissance, Paris, Ellipses, 2012.

[80] Le modèle *push and pull factors* consiste à postuler qu'il existe dans le pays d'origine des facteurs négatifs répulsifs (*push factors*), favorisant le départ, combinés aux facteurs attractifs et positifs (*pull factors*) présents dans le pays de destination. Cette combinaison est à la base du projet migratoire. Pour plus de détails sur ce modèle, lire par exemple : Gervield, J., Franchet, Y. (dir.), « Facteurs attractifs et répulsifs dans les flux migratoires internationaux », Luxembourg : Office des publications officielles de la Commission européenne, 2001 ; Portes, A., Böröcz, J., « Contemporary immigration : theorical perspectives on its determinants and modes of incorporation », dans International Migration Review, Vol 23, n° 3, 1989, pp. 606-630.

[81] BRAUD Pierre-Antoine, « La Chine en Afrique : anatomie d'une nouvelle stratégie chinoise », dans Analysis n°0, october 2005, site internet : www.iss.europa.eu/.../la-chine-en-afrique-anatomie-dune-nouvelle-stratégie-chinoise/, consulté le 01/04/2014.

En effet, la Chine a préféré user de l'un de ses avantages comparatifs, à savoir sa main d'œuvre bon marché. Depuis le lancement de sa réforme économique en 1978, qui s'est soldé par la perte de dizaines de milliers d'emplois dans les secteurs étatiques, elle n'avait d'autre choix que de laisser partir des vagues de citoyens vers le continent africain, quitte à se trouver sous le feu des critiques de ceux qui affirment qu'elle prive ainsi l'Afrique de son avantage dans ce même domaine. Dans cette perspective, elle encourage ses entreprises. En 1995, le président Jiang Zemin qui concentre peu à peu tous les pouvoirs et qui est porté par une forte croissance économique, lance ce mot d'ordre aux grandes entreprises chinoises : « sortez ! [des frontières] » (en chinois « zou chuqu »), devenez des acteurs mondiaux »[82]. Par où commencer ? Par l'Afrique, suggèrent certains patrons, voyant là une bonne occasion pour le dragon de se faire les griffes avant de se frotter à la concurrence globale en Europe ou en Amérique. Dès la fin des années 1990, chaque projet d'infrastructures en Afrique reçoit le plein soutien du Gouvernement. Pékin a mis en place toute une panoplie de mesures financières pour encourager les investissements en Afrique de ses entreprises : prêts sans intérêt ou à taux d'intérêt très faibles, suppressions de taxes, soutien des banques publiques, etc. Une de ces mesures incitatives est le *China-Africa Developpment Fund*, fonds d'aide au développement, dont l'objectif est de faciliter l'implantation des entreprises chinoises en Afrique. Doté de 1 Md. USD en 2007, il devrait recevoir progressivement 3 Md. puis 5 Md. USD[83].

---

[82] Cité par MICHEL (S) et BEURET (M), op. cit., p. 111-112.

[83] « La Chine en Afrique : invasion ou effet d'optique ? », TOPIC septembre 2007, site internet : www.hec.fr/HEC-Eurasia/Newsletters-TOPICs/(offset)/30, consulté le 01/04/2013.

Par la suite, le renforcement de la coopération économique et technologique du Cameroun s'accompagne d'abord comme au Sénégal et au Cap Vert, de l'installation d'entreprises et de travailleurs chinois sur le sol camerounais puis provoque l'arrivée de commerçants chinois. Migration de main-d'œuvre encadrée par des entreprises chinoises et migration commerciale initiée par des individus et des familles, participent d'un même mouvement : le premier créant un contexte particulièrement favorable pour l'essor du second. Il arrive même qu'à l'issue de leurs contrats dans le bâtiment ou les travaux publics, des ingénieurs et des ouvriers obtiennent le droit de rester sur place et ouvrent une boutique dans la perspective d'une reconversion professionnelle. Des officiels chinois auraient récemment incité leurs paysans sans terre à s'installer en Afrique. Cependant, par rapport à la stratégie occidentale, la Chine a principalement une émigration des pauvres. Car, elle a des travailleurs à exporter[84].

Aussi, la Chine facilite l'entrée de ses ressortissants au Cameroun. Les accords entre Yaoundé et Pékin négociés au cours de sa visite par le président chinois en 2007, prévoient que les Chinois seront désormais les seuls étrangers à bénéficier d'un droit de séjour d'un an et demi au Cameroun sans contrat de travail. La diaspora devient ainsi une diaspora politique par l'action des dirigeants chinois qui est une stratégie pour créer une nouvelle diaspora. Ce qui conforte l'idée de T. Faist selon laquelle « plus généralement dans le monde contemporain, les diasporas sont constamment sous production, ainsi, créant de nouvelles diasporas »[85]. Il appelle ce processus une

---

[84] BREDELOUP (S) et BERTONCELLO (B), op. cit.
[85] FAIST (T), op. cit., p. 18.

« rediasporisation »[86]. Ainsi, les relations transnationales « exercent en effet une contrainte sur les Etats, en ce qu'ils augmentent la sensibilité réciproque des sociétés et par là même affectent les relations entre gouvernements »[87].

Enfin, le gouvernement chinois intervient en faveur de leur sécurité au Cameroun. Toujours lors de la visite du président chinois au Cameroun, ses compatriotes ont sollicité une audience pour se plaindre des agressions, de la pression fiscale et des descentes de police musclées. Cette démarche des commerçants a porté ses fruits. Car, deux semaines plus tard, en face du magasin du président de leur communauté à la « Douche municipale » à Douala, un poste de police a été installé.

La mobilisation des migrants chinois lors de la visite de leur président, semble un acte de reconnaissance des actions du Gouvernement chinois en leur faveur. Le président de la communauté chinoise de Douala, Cheng Bosong a passé l'essentiel de son temps à organiser ses compatriotes en vue de réserver un accueil chaleureux à leur président.

Cette politique consistant à aider sa diaspora n'est pas exclusive au Cameroun. Ainsi au Nigéria, un homme d'affaires chinois confesse que : « notre gouvernement, lui nous aide par tous les moyens. Des informations, des conseils juridiques, des prêts sans intérêts. Et quand on rentrera en Chine, il nous vendra des terrains au rabais, pour les services qu'on a rendus en Afrique »[88].

Elle s'inscrit dans une politique d'ensemble amorcée dès 1978 sous la houlette de Deng Xiaoping, qui avait lancé un appel au « patriotisme » des Chinois d'outre-mer

[86] FAIST (T), op. cit., p. 19.
[87] BATTISTELLA (D), op. cit., p. 182.
[88] Cité par Michel (S) et BEURET (M), op. cit., p. 65.

pour qu'ils soutiennent la modernisation économique et sociale du pays[89]. Après les politiques de réforme et d'ouverture, le gouvernement chinois vise à favoriser ses liens avec ses ressortissants vivant à l'étranger. Entre 1978 et 2000, plus de 360 lois et règlements sur les Chinois vivant à l'étranger sont créés par le Parti communiste et plus de 800 par le Conseil des affaires de l'État. Ces lois et règlements ont pris des formes diverses[90]. Elles sont principalement destinées à maximiser la contribution des migrants aux objectifs de développement et de modernisation du pays.

La Chine cherche ainsi un véritable appui, au travers des membres de sa diaspora qu'elle encourage même à prendre la nationalité du pays d'accueil et à s'intégrer dans ce pays. Tel est le cas en Asie du Sud-est depuis 1989[91]. Ce soutien chinois à sa diaspora ne concerne pas seulement la diaspora entrepreneuriale mais également les chercheurs chinois sur la scène internationale[92].

---

[89] PINA-GUERASSIMOFF (C), « Le renouvellement des perspectives transnationales de la Chine », dans Critique Internationale, n° 32-juillet-septembre, 2006, p. 39

[90]. Pour plus de détails sur cette politique, voir par exemple ELIE (J), LIEBER (M) et LUTRINGER (C), op. cit. ; PINA-GUERASSIMOFF (C), op. cit. ; THUNO Mette, « Reaching out and incorporating Chinese overseas : the trans-territorial scope of the PRC by the end of the 20th century », dans The China Quaterly, 2001, p. 911-929.

[91] FRANCHINEAU Hélène, « De la régionalisation au régionalisme : la diaspora chinoise et l'intégration de la Chine en Asie du Sud-est », site internet : www.cean.sciencespobordeaux.fr/page%20perso/franchineau.pdf, consulté le 01/04/2014.

[92] Selon Koen Jonkers, « le gouvernement chinois n'a pas seulement établi des programmes pour promouvoir le retour de ses chercheurs émigrés, mais est aussi engagé dans une série d'activités en vue de renforcer les liens entre ces communautés grandissantes », KOEN Jonkers, « Transnational research collaboration : an approach to the study of co-publication between overseas Chinese scientits and their

Acteur économiquement et politiquement le plus fort dans la structure triangulaire Etat d'origine, diaspora et Etat hôte, la Chine se pose ainsi en joueur clé dans la construction des liens ethniques transnationaux, comme le suggère A.W Myra[93]. Cette position privilégiée lui permet de construire sa diaspora en ressource au Cameroun.

Section 2 – La construction de la diaspora en ressource pour la Chine

La dispersion peut se transformer en une ressource comme l'illustre la diaspora chinoise. Plusieurs processus étroitement imbriqués permettent cette transformation que décrit avec beaucoup de pertinence E. Ma Mung : « ils prennent leur origine dans le rapport spécial que la diaspora entretient au territoire et dans l'effort qui est fait au sein de la diaspora pour penser l'unité d'un corps dispersé »[94]. C'est ainsi que « les Etats accroissent leur engagement avec des populations externes spécifiques parce qu'il sert un but politique et stratégique spécifique. La diaspora représente une sorte de ressources culturelle, matérielle et politique unique »[95]. Cette affirmation cadre bien avec la Chine qui valorise les mouvements migratoires actuels de sa population puisqu'ils contribuent à la dynamique de sa production, de sa compétition et des échanges économiques. Ses migrants s'investissent massivement dans des logiques de mobilisation de

---

mainland colleagues », dans BAUBÖCK (R) and FAIST (T), op. cit. p. 227.

[93] WATERBURY Myra A., « Bridging the divide : towards a comparative framework for understanding kin state and migrant-sending state diaspora politics », dans BAUBÖCK (R) and FAIST (T), op. cit. p. 133.

[94] MA MUNG (E), op. cit., p. 90.

[95] WATERBURY (M. A), op. cit., p. 133.

ressources en parallèle des sphères officielles et publiques : ils drainent des ressources économiques, symboliques et stratégiques à travers de multiples relations d'échange qu'ils préservent et développent entre eux et leur société d'origine. La diaspora représente donc une sorte d'unique ressource culturelle, matérielle et politique pour le pays d'origine.

Si la diaspora chinoise au Cameroun se comporte comme acteur du développement, elle agit également comme un agent de la politique de développement pour son pays. Car, sur le plan économique, elle est à la recherche de la fortune comme l'enseigne ce proverbe chinois : « quand l'arbre se déplace, il meurt. Quand l'homme se déplace, il peut trouver la fortune ».

En effet, beaucoup de Chinois faisant partie d'une classe moyenne urbaine chinoise précarisée par la transition vers l'économie de marché mais également – et le phénomène est plus récent – d'une main-d'œuvre agricole, ont choisi de quitter leur pays et la restructuration du marché pour trouver, dans d'autres pays du Sud et en Afrique notamment, des options de reclassement[96]. Ils attendent de leur exode, de manière parfois illusoire, une situation matérielle meilleure. Car, il leur permet non seulement de gagner de l'argent, mais également de rendre leur pays compétitif. En outre, ils envoient des fonds à leurs familles restées sur place, étoffant ainsi les revenus dans leur pays d'origine. Ils participent ce faisant, au développement de leur pays. Car, « longtemps considérés comme peu productifs, les transferts de fonds des migrants sont aujourd'hui appréhendés comme un facteur essentiel

[96] PERROT Sandrine et MALAQUAIS Dominique, « Afrique, la globalisation par les Suds », Politique Africaine, n°113, mars 2009, p. 6.

du développement des pays d'origine »[97]. Cette migration est également positive dès lors qu'elle est valorisée et revendiquée par les sujets, à l'instar de ce que l'on peut observer dans certains entretiens avec des migrants où le fait d'avoir des parents ou des connaissances dans d'autres pays est présenté comme un objet de satisfaction et de fierté, proportionnellement au nombre de pays et de relations[98].

Au Cameroun précisément, les activités commerciales des ressortissants chinois permettent, au regard de la valeur en francs CFA des importations, une mobilisation des sommes importantes d'argent. Malheureusement, ces sommes mobilisées par la partie chinoise sont immédiatement transférées dans les banques chinoises via les opérations de Western Union. Une des banques locales qui joue un rôle primordial dans ce flux monétaire est la Standard Chartered Bank. Les fonds très souvent déposés par la population chinoise du Cameroun, ont un séjour assez court (pas plus de 6 mois) dans les banques locales. Ce qui fait que les fonds collectés par les Chinois à travers leurs opérations commerciales, ne rentrent plus dans le circuit monétaire national, entraînant la raréfaction de la monnaie dans le pays[99]. Qui plus est, en exportant sa main-d'œuvre, la Chine a cherché à résoudre son chômage interne.

Toujours sur le plan économique, les entreprises chinoises qui interviennent dans les travaux publics et celles qui commercialisent les médicaments de la MTC ainsi que la vente de ces produits par d'autres structures, apportent un gain financier inestimable à la Chine. En 2001, l'exportation de ces médicaments a atteint 9,76

---

[97] BADIE et al, op. cit., p. 27.
[98] MA MUNG (E), « La dispersion comme ressource », op. cit., p. 89.
[99] REINHOLD (P), op. cit., p. 6.

millions de dollars. La Chine exporte déjà des médicaments dans trente-sept pays d'Afrique[100]. En plus des gains financiers, les entreprises agricoles exportent une grande partie de leur production en Chine, ce qui permet au pays de parvenir à l'autosuffisance alimentaire. Les entreprises chinoises installées sur le sol camerounais bénéficient de ce fait des avantages réservés aux exportations africaines dans le cadre de l'African Growth Opportunity Act avec les États-Unis et de l'Accord de partenariat économique signé avec l'Union Européenne. Elles bénéficient également de la proximité géographique avec les pays destinataires.

S'agissant de l'implantation des entreprises en Afrique, c'est Jiang Zemin qui, en 1995, a solennellement décrété le top départ de l'internationalisation des entrepreneurs chinois : « Sortez, avait lancé le dirigeant communiste, devenez des entrepreneurs mondiaux ! ». Depuis, « le gouvernement chinois encourage donc les entreprises à investir en Afrique dans des secteurs aussi variés que le commerce, l'agriculture, la construction, les mines, le tourisme »[101].

Les activités médicales constituent également une stratégie de puissance pour la Chine[102]. Les médecins venus s'établir au Cameroun dans des cabinets privés et les entreprises chinoises commercialisant les produits de la MTC, étendent la puissance de leur pays et sont, pour cette raison, courtisés par les autorités chinoises[103] comme une

---

[100] WASSOUNI (F), op. cit., p. 107

[101]. GWETH (G), op. cit.

[102]. Pour une étude plus détaillée sur les activités médicales chinoises comme stratégie de puissance pour la Chine, lire POKAM (HDP), op. cit., p. 60-62.

[103]. Pour plus de détails sur ce point, lire, par exemple, FRANCHINEAU (H), op. cit.

sorte de « ressource culturelle, matérielle et politique unique »[104] pour la simple raison qu'ils drainent des ressources symboliques et stratégiques à travers ces multiples relations d'échange qu'ils développent entre eux et avec leur société d'origine.

La MTC est invoquée pour mobiliser le soutien à un projet politico-économique et culturel. A l'occasion de la seconde « Conférence internationale des technologies pour la modernisation de la médecine traditionnelle » à Chengdu en 2005, la Chine a d'ailleurs officialisé sa décision de faire de sa médecine traditionnelle un secteur stratégique. Pékin sert un même objectif d'ailleurs officiellement confirmé lors du XVIe Congrès du Parti Communiste chinois en 2002 : mettre la culture chinoise au service des intérêts de la nation. En renouvelant cette invite lors du XVIIe Congrès, Hu Jintao ne laissait planer aucune ambiguïté : « la culture y affirme-t-il alors, est devenue une source très importante pour la cohésion nationale et la créativité, en étant un facteur qui joue un rôle croissant dans la compétition pour la force nationale à l'échelle globale »[105].

Les réalisations médicales du gouvernement chinois au Cameroun présentent donc une dimension politique stratégique[106] et le personnel médical chinois qui y travaille pour un laps de temps provisoire depuis 1975, constitue un ensemble d'acteurs qui accroissent, par leurs

---

[104] WATERBURY (M), op. cit., p. 133.

[105] BAREL Loïc, « La Chine dans les relations internationales : le choix pragmatique d'une approche indirecte », dans La Chine, puissance déconcertante, Revue Défense Nationale, Eté 2011, p. 42-43.

[106] GAYE Adama, « La nouvelle donne chinoise en Afrique », www.gabrielperi.fr/IMG/article_PDF/La nouvelle-donne-chinoise-en.pdf, consulté le 14-03-2011.

observations, l'intelligence économique chinoise dans ce pays. De plus, les Chinois à l'étranger constituent des réseaux employés par les services de renseignements[107]. Dans la même perspective, Loïc Batel évoque quant à lui « le rôle discret mais efficace de la diaspora chinoise en matière de facilitation d'installation, d'information et de relais »[108].

La population médicale chinoise au Cameroun est également une ressource symbolique pour la Chine. Elle joue un rôle important dans la densification des réseaux de solidarités culturelles à travers la multiplication des centres de soins faisant la promotion de la MTC. Elle est donc « stratégiquement importante à cause de sa fonction culturo-linguistique, particulièrement leur rôle dans la construction de l'Etat, la construction de l'identité nationale et la reproduction culturelle »[109]. Ensuite, par leur présence et celle des médicaments, la visibilité de la présence chinoise est renforcée au Cameroun. Enfin, leur présence au Cameroun et dans les autres pays africains, lui assure sa stature de grande puissance. Comme en Europe ou aux Etats-Unis, la Chine peut s'appuyer sur des communautés chinoises très présentes en Afrique francophone et en Afrique orientale[110]. Cette présence

---

[107] BAL Marie et VALENTIN Laura, La stratégie de puissance de la Chine en Afrique. Site internet : *bdc.aege.fr/.../La_strategie_de_puissance_de_la_Chine_en_Afrique....* .,consulté le 03/04/2014.

[108] BAREL (L), op. cit., p. 43.

[109] WATERBURY (M.A), op. cit., p. 139.

[110] LAFARGUE François, « La Chine, une puissance africaine », Perspectives chinoises, juillet-août 2005, site internet : %20une%puissance%20africaine%20-%20Perspectives%20chinoises.pdf, consulté le 15/04/2014.

offre donc cette visibilité de la puissance chinoise que les autorités continentales aimeraient voir relayée à l'étranger[111].

Ces médecins comme les autres migrants chinois, participent en même temps du processus de globalisation dans lequel est fortement engagée la Chine. Car, « disséminée par des médecins chinois expatriés en quête de réussite économique et de renommée, étudiée à une échelle globale par des praticiens alternatifs et non-conventionnels, appréciée par une clientèle internationale, la médecine chinoise devint un phénomène global et l'objet d'un processus de marchandisation »[112].

En effet, ils sont des acteurs de la mondialisation. Ils jouent un rôle important dans la densification des réseaux de solidarités culturelles et économiques qui intègrent la Chine à l'espace économique mondial. Une telle complémentarité économique, facilitée par les moyens modernes de communication, de transports et d'articulation des territoires à l'échelle du système-monde, relève aussi d'une profonde transformation de la perception des Chinois de l'étranger par les autorités de la mère-patrie. Les médecins chinois, par leur capacité à développer de nouvelles compétences circulatoires et intégratives, à maintenir – voire à renforcer – des liens diasporiques existants et à produire de nouveaux espaces économiques transnationaux, sont des « acteurs de mondialisations « discrètes » (à partir de stratégies de survie)[113].

---

[111] SANJUAN Thierry, « Le monde chinois en redéfinition. D'un empire autocentré à une identité culturelle multipolarisée », dans LOROT Pascal (dir), Géoéconomie du monde chinois, Paris, Géoéconomie, 2001, n° 18, p. 2.
[112] Volker SCHEID cité par MICOLLIER (E), op. cit., p. 4.
[113] Portes cité par Laurence Roulleau-Berger, op. cit., p. 15.

Ainsi, « qu'il faille examiner le rôle – évolutif – tenu par les Etats dans le processus de globalisation ne doit pas faire oublier la place que prennent les hommes dans ce processus »[114]. Dans ce processus, « l'émigration chinoise n'est donc plus simplement un mouvement vers le centre d'un monde dominé par l'Occident, elle est tout autant une extension d'un monde centré sur la Chine. Cette mobilité n'est qu'une des facettes de la globalisation de la société, de la culture et de l'économie chinoises »[115].

L'intervention économique, médicale, avicole et agricole chinoise s'apparente donc à « une conquête triomphale » car pour des dizaines de milliers de Chinois, l'Afrique constitue une sorte de nouvel eldorado, une terre vierge, pleine de promesses[116]. Établie sur un immense territoire, la Chine doit composer avec une population titanesque à nourrir et à faire travailler. Dénicher un espace pour sa population est une volonté affichée de trouver des territoires où étendre la présence démographique chinoise. Aussi, dans l'esprit des dirigeants chinois, et singulièrement dans celui du président, surnommé parfois Hu Jintao l'Africain, l'immigration est même devenue une partie de la solution pour faire baisser la pression démographique, la surchauffe économique, la pollution[117]. « Nous avons 600 rivières en Chine, 400 sont mortes de pollution, affirmait un scientifique dans *Le Figaro*, sous couvert de

[114] CHUNGUANG Wang, « Migrations chinoises en Europe : un regard depuis la Chine », dans Roulleau-Berger (L), op. cit., p. 229.
[115] PIEKE F. E., « Les migrations chinoises contemporaines : nouveaux régimes et nouvelles activités en Europe », dans Roulleau-Berger (L), op. cit., p. 20.
[116] MICHEL (S) et BEURET (M), op. cit., p. 58.
[117] Ibid., p. 16.

l'anonymat. On ne s'en tirera pas sans envoyer 300 millions de personnes en Afrique »[118].

En plus de sa dimension populaire et entrepreneuriale, la nouvelle offensive chinoise à travers sa diaspora au Cameroun, présente une dimension politique stratégique[119]. Cette diaspora permet à leur pays d'origine d'ancrer sa présence en Afrique. Il n'est plus un secret que l'Afrique est devenue un enjeu majeur dans la lutte de puissance et d'influence entre l'Occident et la Chine. Autant sur le plan politique, et ce depuis le vide laissé par l'ex-Union soviétique, qu'au niveau de l'économie, surtout avec la crise mondiale, l'Afrique est devenue le terrain d'une concurrence géopolitique entre Washington et Bruxelles d'une part, et Pékin, de l'autre. La présence continue des migrants chinois au Cameroun en particulier et en Afrique en général, participe de la stratégie de construction de la conquête de l'Afrique par le bas comme l'écrit si bien A. Kernen : « bien davantage que par le haut, c'est par le bas que se construit cette présence. La diversification des modalités de l'irruption des entreprises chinoises sur le continent invalide le facteur monocausal énergétique et minier. Il n'y a pas une seule « stratégie chinoise » en Afrique, mais une variété de stratégies et de réseaux dont il faut rendre compte »[120]. Ce que confortent ces propos de David Zweig, Professeur à la Hong Kong University of Science and Technology : « autrefois, si un Etat voulait étendre son empire, il devait s'emparer d'un territoire. Aujourd'hui plus besoin de colonies. Il suffit d'avoir des biens compétitifs à vendre »[121]. Ainsi, pour D.

---

[118]. MICHEL (S) et BEURET (M), op. cit..

[119] GAYE (A), op. cit.

[120] KERNEN (A), op. cit., p. 176.

[121] Cité par MICHEL (S) et BEURET (M), op. cit., p. 203.

Diop, « si la France s'était servie de la Bible pour pénétrer en Afrique, la Chine se sert de l'humilité, de sa médecine et de ses produits peu coûteux »[122].

Une conséquence plus inattendue de cette présence chinoise réside dans l'ascension sociale des Chinois métis et de ses répercussions sur les relations entre l'État africain concerné et la Chine. L'exemple le plus probant est celui de Jean Ping, ancien ministre gabonais des Affaires étrangères. Parlant couramment le putonghua, entretenant d'excellentes relations avec Hu Jintao, M. Ping a été l'un des principaux artisans de la fulgurante percée chinoise à laquelle on assiste depuis quelques années au Gabon.

Cet extrait du numéro d'*Afrique-Asie* consacré à la Chine en Afrique, résume au mieux l'idée selon laquelle la présence de la diaspora sur le continent noir participe de cette stratégie de pénétration de l'Empire du Milieu : « la fulgurante pénétration chinoise en Afrique se décline de plusieurs manières. Outre les entreprises publiques ou privées dont les projets sont financés par des prêts de l'Etat chinois, un nombre grandissant d'entreprises, notamment de construction, gagne haut la main les appels d'offres des pays africains, grâce à leur compétitivité. Très actifs aussi, des investisseurs privés chinois, sans liens institutionnels avec la Chine. Il y a enfin une puissante vague de commerçants chinois dont le succès réside dans les prix imbattables des marchandises Made in China qu'ils importent (…) »[123].

La diaspora chinoise au Cameroun est également une ressource symbolique pour la Chine. Elle joue un rôle important dans la densification des réseaux de solidarités

---

[122] DIOP Djibril, « La ruée des Chinois vers l'Afrique : entre amour et désamour », site internet : www.cerium.ca/La-ruée-des-chinois-vers-l-Afrique, consulté le 03/04/2014.

[123] Afrique-Asie, juin 2008, p. 14.

culturelles à travers la promotion de la langue et de la MTC chinoises. Cette promotion est catalysée par la multiplication des centres de soins faisant la promotion de la MTC, des centres de formation et la retransmission d'émissions d'apprentissage de cette langue sur la chaîne privée Canal 2, trois fois par semaine de 8H30 à 9H30. Suite à cette action culturelle des migrants chinois, P. Trolliet va jusqu'à affirmer que « les communautés chinoises de la diaspora constituent des conservatoires de cultes et traditions disparus du continent »[124]. La population à l'extérieur est « stratégiquement importante à cause de sa fonction culturo-linguistique, particulièrement leur rôle dans la construction de l'Etat, la construction de l'identité nationale et la reproduction culturelle »[125]. Ensuite, la présence de commerçants ou de produits chinois est devenue un fait banal. Dès lors, la visibilité de la présence chinoise est renforcée au Cameroun. Enfin, les migrations constituent un atout pour la Chine, la présence des Chinois au Cameroun et dans les autres pays africains, lui assure sa stature de grande puissance : « l'entrée de la Chine sur la scène africaine pourrait bien représenter, pour Pékin, son couronnement de superpuissance mondiale, capable de miracles aussi bien chez elle que sur les terres les plus ingrates de la planète »[126]. Et comme en Europe ou aux Etats-Unis, la Chine peut s'appuyer sur des communautés chinoises très présentes en Afrique francophone et en Afrique orientale[127].

Il existe finalement une sorte de complémentarité des efforts chinois, privés et publics, pour gagner un rôle de

---

[124] TROLLIET Pierre, « Réflexion sur la diaspora des Chinois », dans Cahiers d'études chinoises, 1987, n°6.

[125] WATERBURY (M.A), op. cit., p. 139.

[126] MICHEL (S) et BEURET (M), op. cit., p. 14.

[127] LAFARGUE (F), op. cit.

premier plan en Afrique à laquelle participe la diaspora chinoise au Cameroun et que résume Roy Zhan migrant chinois au Nigéria avec beaucoup de pertinence : « les aventuriers avancent et investissent. Pendant ce temps, l'Etat chinois signe d'énormes contrats d'infrastructures et d'exploitations de matières premières. Il peut s'appuyer sur une diaspora chinoise de plus en plus nombreuse et organisée, laquelle en contrepartie est encouragée par le volontarisme de Pékin »[128]. Cette stratégie chinoise semble sortir tout droit de l'art de la guerre de Sun Tzu : « l'Etat chinois finance d'énormes contrats en Afrique, parfois à perte. Ils garantissent l'accès à des matières premières mais surtout offrent aux grandes entreprises chinoises leur baptême du feu à l'étranger et les préparent pour d'autres marchés où la concurrence est plus aiguë (…). Au sein de ces compagnies, certains cadres sont encouragés à s'établir à leur compte, afin de quadriller le terrain et par la suite à la compagnie d'Etat »[129]. Enfin, les migrants chinois participent à l'exercice du *soft power*[130] qui permet à la Chine d'« offrir un visage acceptable, raisonnable et responsable »[131].

---

[128] MICHEL (S) et BEURET (M), op. cit., p. 66.

[129] Ibid., p. 311.

[130] Paru en Grande Bretagne au XIXe siècle, le concept de *soft power* (littéralement « puissance douce ») a été convié pour la première fois dans les relations internationales en 1990 par l'internationaliste américain Robert Nye. Il désigne la capacité d'une personne morale à influencer le comportement d'une cible en fonction de ses intérêts par des moyens non coercitifs. Pour plus de détails sur ce concept, lire NYE Joseph, The Power to Lead, New York, Oxford University Press, 2008.

[131] MAGALI Robert, « Puissance Chine. La stratégie d'affirmation internationale chinoise », Fiche de l'IRSEM, mars 2010, p. 2, site internet : www.defense.gouv.fr/content/.../file/Fiche_n1_Puissance_Chine.pdf, *consulté le 28/04/2013.*

En effet, le pragmatisme chinois et la logique des marchés ont facilité la mise en œuvre d'une stratégie globale du déploiement de la puissance chinoise sur différents axes : économique, diplomatique, militaire, scientifique, technique, socioculturel, médical et médiatique[132]. Ces différents axes constituent des stratégies de séduction[133]. Ils font partie du *soft power* qui conduit les dirigeants chinois à privilégier l'influence pragmatique et la patience dans un contexte de concurrence avec d'autres puissances. Ils s'inscrivent tous dans la continuité des objectifs extérieurs de Pékin définis depuis 1949, parmi lesquels, porter le pays au rang de grande puissance[134]. Ces objectifs ont été catalysés par la répression du mouvement étudiant en juin 1989, car, en réponse au boycottage que les pays capitalistes imposaient à la Chine au lendemain du massacre de la place Tiananmen, ses dirigeants ont progressivement construit une nouvelle politique qui consistait à accentuer le virage vers un capitalisme encadré par l'État et vers une stratégie économique fondée sur les échanges extérieurs, afin de favoriser l'émergence d'une puissance chinoise à la fois économique et politique[135]. L'isolement international de la RPC était tel que Pékin a essayé de renouer avec les pays africains pour éviter de nouvelles condamnations dans les

---

[132] BAL (M) VALENTIN (L), op. cit.

[133]. Selon Christophe Stalla-Bourdillon, « la séduction est la forme de pénétration de la Chine en Afrique », cité par Bal (M), Valentin (L), op. cit., p. 54 et 60.

[134] TSHIYEMBE Mwayila, La politique étrangère des grandes puissances, Paris, L'Harmattan, 2010, p. 263.

[135] DOMENACH Jean-Luc, "Peut-on parler d'émergence chinoise ? », dans JAFFRELOT Christophe (dir), L'enjeu mondial. Les pays émergents, Paris, PFNSP, 2008, p. 83.

forums internationaux[136]. La stratégie chinoise reflète une véritable politique publique, et se construit autour d'un ensemble d'actions d'une grande cohérence[137], à laquelle participe sa population au Cameroun, à travers ses diverses activités qui se rapprochent de ce que Carine Pina-Guerassimoff appelle « diplomatie du sourire »[138].

Toutes ces actions font partie des six axes de la politique extérieure chinoise qui éclairent la stratégie du pays en Afrique[139]. En plus, cette population fait partie de la politique du *Go Out* permettant à l'Empire du Milieu de « faire usage d'une dispersion calculée des forces pour maximiser la dissémination de l'influence »[140]. C'est une approche « silencieuse », « douce » et « indirecte »[141] dans laquelle sont engagés les migrants chinois au Cameroun, permettant dans l'ensemble, à la Chine de se construire une « identité de rôle »[142] dont l'objectif avoué depuis la

---

[136] MARCHAL Roland, "La Chine et l'Afrique: des retrouvailles aux faux-semblants », dans JAFFRELOT (C), ibid., p. 238.

[137] GABAS Jean-Jacques, « Les pays émergents et la coopération internationale », dans JAFFRELOT (C), ibid., p. 224-225.

[138] PINA-GUERASSIMOFF (C), « Le renouvellement des perspectives transnationales de la Chine », dans Critique n°32, juillet-septembre 2006, p. 45.

[139] Il s'agit de : sécurisation des approvisionnements en pétrole et en matières premières, implantation croissante des entreprises privées dans la construction d'infrastructures, incitation à l'implantation d'une diaspora, signature d'accords bilatéraux, politique de coopération au développement affirmée et, enfin, politique de coopération militaire.

[140] BATEL (L), op. cit., p. 52.

[141] Ibid., p. 48.

[142] « L'identité de rôle renvoie aux propriétés qui caractérisent un État dans la perception des autres, et qui font que les autres États s'attendent à ce qu'il se comporte d'une certaine façon à leur égard, qu'il adopte un certain rôle sur la scène internationale : un État peut ainsi, aux yeux d'un autre, avoir le rôle d'État ami, rival, ou ennemi, de puissance hégémonique ou d'État satellite, etc. », BATTISTELLA (D), « L'intérêt national. Une notion, trois discours », dans

fin de la bipolarité, est de remettre progressivement en cause le monopole des Etats-Unis sur la scène internationale et de mettre en avant le concept de monde multipolaire[143] caractérisé par « un équilibre entre grandes puissances et des règles assurant une coexistence sans hégémonie et unilatéralisme »[144].

Les activités de ces migrants concourent également à leur propre développement. Elles sont en outre bénéfiques pour le pays d'accueil.

CHARILLON Frédéric (dir.), Politique étrangère. Nouveaux regards, Paris, 2002, PFNSP, p. 155.

[143] Pour mieux appréhender les stratégies déployées par la Chine en vue de devenir une grande puissance, lire par exemple : FOOT Rosemary, « Chinese strategies in a US-hegemonic global order : accommodating and hedging », International Affairs 82,1-2006, pp. 77-94 ; HURRELL Andrew, « Hegemony, liberalism and global ordre : what space for would-be great powers ? », dans la même revue, pp. 1-19.

[144] DEFRAIGNE Jean-Christophe, « Les effets de l'émergence de la Chine comme puissance globale sur la politique extérieure de l'Europe et les grands équilibres mondiaux », dans SANTANDER Sebastian (dir.), Puissances émergentes : un défi pour l'Europe ?, Paris, Ellipses, 2012, p. 248.

CHAPITRE IV

UNE PARTICIPATION BENEFIQUE POUR LES MIGRANTS ET LE CAMEROUN

Les migrants chinois, à travers leurs activités au Cameroun, contribuent à leur propre développement. Ces activités sont également bénéfiques pour le pays d'accueil.

Section 1 – La contribution au développement des migrants

La participation des migrants chinois au développement du pays d'accueil contribue à leur propre développement par la conservation de leur mémoire collective et l'accumulation de la fortune.

Paragraphe 1 – La conservation de leur mémoire collective

Les migrants chinois au Cameroun, par l'intermédiaire de leurs activités diverses, tissent des liens multiples avec leur territoire d'installation. Ces liens participent au processus de construction/reconstruction de ce territoire reflétant la mémoire de celui d'origine dans le territoire d'accueil par leur implantation[145]. Ce qui contribue à l'apparition et à la reconnaissance de « nouveaux

[145] La suite de ce chapitre reprend en partie un travail déjà publié ailleurs : POKAM (HDP), « Migrants chinois et construction/reconstruction du territoire camerounais », dans Croisements Asie/Afrique, 2013, n°3, Revue francophone de sciences humaines d'Asie de l'Est, pp. 67-85.

territoires » à travers la « reterritorialisation »[146] et la « socialisation » de leur espace de vie[147], confortant la thèse de Bertrand Badie selon laquelle « le territoire n'est pas un donné, c'est un construit »[148]. L'objectif étant la conservation et la transmission de leur mémoire collective, composante essentielle de l'identité en diaspora, face au danger de dilution et d'assimilation dans la société d'accueil.

A - La « reterritorialisation » de l'espace de vie

La « reterritorialisation » est un « façonnement »[149] du territoire par les migrants chinois. C'est un phénomène plus manifeste dans les grandes villes camerounaises avec leurs communautés chinoises, leurs quartiers et leurs festivités, etc. Dans l'ensemble, ils cherchent, à travers leurs activités, à se reterritorialiser à l'aide de marqueurs territoriaux, ou en créant des microterritoires reflétant la

---

146. Selon BRUNEAU Michel, « la déterritorialisation va avec ou suit la reterritorialisation », « Diasporas, transnational spaces and communities », dans BAUBÖCK (R) et FAIST (T), op. cit., p. 17.

147. L'expression « socialisation » de l'espace est de HILY M-A., COSTA LASCOUX J., TARRIUS A. « Au-delà des États-nations : des sociétés de migrants », Revue Européenne de Migrations Internationales, vol 17, 2001, p. 37-61.

148 BADIE Bertrand, La fin des territoires. Essai sur le désordre international et sur l'utilité sociale du respect, Paris, Fayard, 1995, p. 11.

149 Selon Christian Pradeau et Jean-François Malterre, le « façonnement » du territoire signifie « des retouches apportées par les migrants sans que le territoire en tant que tel, maîtrisé par les organisations étatiques, soit remis en cause », PRADEAU Christian et MALTERRE Jean.-François, 08.06.2011, « Migrations et territoires ». Les Cahiers d'Outre-Mer, 234 | avril-juin 2006, [En ligne], mis en ligne le 01 avril 2009. Repéré à URL : http://com.revues.org/index44.html.

mémoire de celui d'origine ou se référant au territoire d'origine. Ceci est accompli par la mise en « scène » de l'occupation spatiale à travers l'activité économique et agricole, la construction des *chinatowns* et des centres de santé.

La présence économique et agricole chinoise au Cameroun met en scène l'occupation spatiale par les migrants chinois, surtout dans les grandes métropoles. Ces migrants créent ainsi leurs propres espaces économiques et agricoles dans la société d'accueil et y modifient alors progressivement l'environnement social, économique et culturel[150].

La mise en « scène » de l'occupation spatiale par les activités économiques résulte de diverses activités commerciales et des actions des entreprises de travaux publics. Ces activités développent des territoires marchands à travers, d'une part, la réalisation de grands centres commerciaux spécialisés dans la vente des produits chinois et, d'autre part, des espaces autonomes.

Le développement rapide de ces territoires marchands chinois dans les villes camerounaises n'est pas lié à de simples opportunités. C'est un processus bien étudié qui s'inscrit dans un projet collectif rassemblant des Chinois liés par une forte solidarité clanique, voire familiale, pouvant compter sur des filières d'entraide financière de leur pays et de la diaspora chinoise dans le monde[151]. Ce développement méthodique des commerces ethniques avec ses territoires marchands au Cameroun, confirme les résultats de plusieurs recherches menées dans le contexte

---

150 CHUNGUANG (W), op. cit., p. 230-231.
151 ESO (E), op. cit.

européen par Michel Bruneau[152] et Emmanuel Ma Mung[153].

L'approche transnationale montre bien que les expériences et les contacts des premiers migrants orientent les itinéraires des migrants successifs. Ces stratégies favorisent également la mise en « scène » de l'occupation spatiale par la pratique des activités agricoles. L'occupation des terres arables par les entrepreneurs chinois, concourt à leur « reterritorialisation » car, ils sont pratiquement les propriétaires de terres, disposant des récoltes à leur guise.

Le façonnement du territoire par les activités des migrants chinois contribue également à la création des *chinatowns* et des centres de santé. Les *chinatowns* sont des enclaves urbaines ayant une forte concentration de la population chinoise. Ce sont généralement les centres historiques où se sont concentrés les premiers arrivants. On les retrouve généralement dans les grandes villes du Cameroun. Ils sont appelés couramment « quartiers chinois ». Il arrive qu'une même ville en ait plusieurs.

Les *chinatowns* de Douala regroupent, outre des résidences, des boutiques, restaurants et cliniques traditionnelles chinoises. Ainsi, sur le boulevard Ahmadou-Ahidjo, on aperçoit plusieurs bâtiments portant des caractères chinois, comme *Da Shanghai* (Grand Shanghai) et *Zhong-Ka Youyilou* (Bâtiment de l'amitié sino-camerounaise). À Yaoundé, les Chinois habitent surtout le quartier Bastos qui est connu comme le quartier

---

152 BRUNEAU (M), op. cit.

153 MA MUNG (E), La diaspora chinoise : géographie d'une migration, Paris, Ophtys, 2000.

des ambassades. Ceux qui sont des coopérants ou des membres du corps diplomatique, logent dans les quartiers résidentiels ou des camps chinois. Mais, il existe aussi une autre forme particulière et intermittente de *chinatowns*, constitués par des camps construits sur les sites temporaires de grands chantiers qui disparaissent après la fin des travaux.

Ce façonnement du territoire à travers des *chinatowns* conduit à la formation de sous-espaces urbains spécifiques qui se constituent de manière permanente et durable. Ces *chinatowns* sont souvent interprétés comme la marque de communautés fermées sur elles-mêmes, reproduisant dans l'État d'accueil le mode de vie qu'elles avaient ou auraient dans leur État d'origine et refusant de se mélanger à la population locale. Cette préférence limite les contacts avec la population et les mœurs camerounaises. Elle démontre que les Chinois ne sont pas complètement socialement intégrés dans la société camerounaise, même s'il existe des efforts dans ce sens. C'est le cas du Dr Yen que nous avons rencontré et qui a affirmé qu'il fait l'effort d'apprendre le français et l'anglais et s'adapte à la tradition culinaire locale.

Dans le domaine médical, certains migrants chinois ont créé des cabinets privés où ils pratiquent la MTC dans différentes villes camerounaises comme nous l'avons indiqué plus haut[154].

---

[154] On peut citer la clinique Saint Esprit de Bafoussam, le Centre de médecine chinoise du Dr Liu à Akwa Douala, le cabinet médical chinois Family Life Welfare, les cabinets chinois du groupe Marcory toujours à Douala. À Ngaoundéré, on dénombrait en 2009, deux cabinets : l'un dentaire et l'autre de médecine générale. Entre 1997 et

La « reterritorialisation » de l'espace de vie par la population chinoise s'accompagne également de l'usage des signes mnémoniques assurant le lien avec le territoire d'origine : noms, marqueurs et architecture chinois. Les noms peuvent être ceux des restaurants (*Le Pékin, Tian Yuan*), des boutiques (*Hualong Trading Company*) et sociétés (*China Shanxi Construction Engineering Corporation*). Les marqueurs se retrouvent également sur des bâtiments comme sur le boulevard Ahmadou-Ahidjo à Douala où plusieurs immeubles portent des caractères chinois (*Da Shanghai*, *Zhong-Ka Youyilou*). Des panneaux publicitaires et tableaux indiquant la dénomination de leurs structures, sont également écrits en chinois avec une traduction en anglais ou en français en dessous. Quant à l'architecture chinoise, elle est reproduite dans la construction de certains restaurants (*Restaurant village* à Bastos à Yaoundé), hôtels (*Commercial Hualian* à Yaoundé) et l'ambassade chinoise au Cameroun. Située au quartier Bastos, cette ambassade a été construite par des ingénieurs chinois selon des normes de l'architecture chinoise. La culture chinoise y est immédiatement perceptible dès l'entrée, à travers une figurine aux motifs chinois. Si les bâtiments de commerce ne sont pas bâtis en style chinois, c'est parce qu'ils ne sont pas construits, mais seulement loués par les Chinois. Cependant, ils les décorent en rouge, couleur du drapeau de leur pays, et avec les ornements qui reflètent leur culture. Tous ces signes mnémoniques ont une fonction de transmission de

---

2000, on comptait dans le quartier de Biyem-Assi à Yaoundé, deux cabinets de soins chinois tenus par des Chinois.

la mémoire et sont l'un des porteurs essentiels de ce que Paul Ricœur appelle « l'identité narrative »[155].

Dans l'ensemble, les migrants chinois apportent leur touche, plus ou moins prononcée, aux fractions des territoires dans lesquels ils agissent et se concentrent au Cameroun. Ce processus est couronné par la « socialisation » de leur espace de vie.

B - La « socialisation » de l'espace de vie

La « socialisation » de l'espace de vie se traduit au Cameroun par la propension des migrants chinois à la vie communautaire et à la conservation/transmission de leur mémoire. Il y a ici, dépassement du rapport bilatéral État d'origine/État d'accueil, avec la formation de relations qui tendent plus à « être horizontales que verticales »[156].

La géographie urbaine « ethnique » issue de la « reterritorialisation » de l'espace par les Chinois pose le problème majeur de la relation entre territoire et migrants[157], car cette préférence pour les relations horizontales entre Chinois limite les contacts avec la population et les mœurs camerounaises[158]. Ce mode de vie des Chinois au Cameroun est également décrit par Serge Michel et Michel Beuret[159].

---

[155] La notion d'identité narrative thématisée par Paul Ricœur peut se résumer en une formule : « je suis ce que je raconte ». Pour plus de détails sur cette notion, lire RICOEUR Paul., Temps et récit, Tomes 1, 2, et 3, Paris, Seuil, 1983, 1984, 1985.

[156] BRUNEAU (M), op. cit., p. 37.

[157] PRADEAU (C) & MALTERRE (J), op. cit.

[158] PLATE (R), op. cit.

[159] MICHEL (S) et BEURET (M), op. cit., p. 17.

Le Dr Langueu, qui a une bonne connaissance de cette population, est du même avis. Selon lui, « les uns se regroupent toujours autour des autres, parlent la même langue, ont le même art culinaire, une même organisation sociale, évitent de se mélanger à la population locale, dans une culture inconnue. Ils se surveillent, se reconnaissent, louent des appartements dans le même immeuble. Sur le plan commercial, ils s'associent et se répartissent les boutiques ou les appartements »[160].

Les migrants chinois attachent donc une très grande importance aux relations humaines. C'est la raison pour laquelle ils construisent des structures associatives et des réseaux de relations appelés *bamboo networks*, qui sont « incassables, on ne peut les rompre, car les Chinois les entretiennent toujours »[161]. L'objectif primordial de ces associations est de fédérer cette population au Cameroun en une famille unie et solidaire, ambassadrice de la culture traditionnelle chinoise, actrice du développement économique du pays d'accueil et de la promotion personnelle et professionnelle de ses membres. Bénéficiant du soutien des autorités chinoises[162], elles renforcent le sens de la communauté et promeuvent leurs intérêts sociaux et économiques. De plus, la participation des migrants chinois aux associations contribue à la construction symbolique d'une « frontière collective ethnonationaliste »[163] qui concourt également à leur « reterritorialisation ».

Les principales motivations de cette vie en commun sont les liens de parenté qui existent entre les personnes,

---

[160]. Entretien avec le Dr Langueu Elie le 16.11.2011.

[161]. FRANCHINEAU (H), op. cit.

[162] PINA-GUERASSIMOFF (C), op. cit., p. 47

[163] DAHINDEN Janine, « The dynamics of migrants' transnational formations : between mobility and locality », dans BAUBÖCK (R) and FAIST (T), op. cit., p. 56.

l'appartenance à un même milieu professionnel, la recherche d'une certaine sécurité[164]. Selon le Dr Langueu, « les Chinois sont jaloux de leur culture. C'est toute cette manière de vivre qui fait que, jusqu'à présent, ils conservent leur langue et leur écriture. Ils vivent ensemble pour éviter d'être compris »[165].

Les Chinois du Cameroun vivent bien repliés sur eux-mêmes, nos propres enquêtes l'ont également confirmé. Cette population « est intégrée sans être assimilée dans le pays hôte »[166]. Elle conserve une conscience identitaire plus ou moins forte, liée à la mémoire du territoire, de la société d'origine et de son territoire. C'est pourquoi leur degré d'adaptabilité est très faible[167].

Ceci démontre parfaitement que, selon les expressions de Michel Bruneau, la « déterritorialisation » va avec ou est suivie par la « reterritorialisation »[168]. Ce phénomène sert de base à la formation de ce que Emmanuel Ma Mung appelle une « identité ethnique transnationale »[169] et ne se retrouve pas seulement dans les pays africains mais ailleurs, comme en Bulgarie où les Chinois sont aussi assez fermés[170].

À travers la migration, une population perd sa relation matérielle avec son territoire d'origine, mais elle peut

---

[164] PLATE (R), op. cit., p. 5.

[165]. Entretien avec le Dr Langueu Elie le 16.11.2011.

[166] PLATE (R), op. cit., p. 36.

[167] PLATE (R), op. cit., p. 10.

[168] BRUNEAU (M), op. cit., 38

[169] MA MUNG (E), « La dispersion comme ressource », op. cit, p. 92.

[170] KRASTEVA Anna, « L'immigré chinois en Bulgarie. Le "protestant" de l'économie post-communiste », dans Roulleau-Berger L. (dir.), Nouvelles migrations chinoises et travail en Europe. Toulouse : Presses universitaires de Toulouse, 2007, p. 84

préserver sa culture ou sa relation spirituelle relative à sa croyance religieuse à travers la mémoire. C'est le cas de la population chinoise au Cameroun qui préserve une part de sa territorialité.

Dans ce sens, les structures familiales et communautaires apportent une cohérence à cette communauté à travers la conservation et la transmission de la mémoire collective qui est une composante essentielle de son identité. Les liens familiaux permettent de garder la mémoire et de transmettre cette identité qui est elle-même maintenue grâce à plusieurs vecteurs : la langue, l'éducation dans la famille et à l'école, la religion, la vie associative, les cérémonies, l'iconographie, etc.

S'agissant de l'iconographie communautaire, les images ornant les murs des boutiques, restaurants, hôtels et sièges des associations de Chinois au Cameroun, logos, toponymes (*Pékin, Shangai*, etc.), permettent aux migrants chinois vivant sur le territoire camerounais, de conserver un ancrage à leur territoire d'origine. Ceci correspond bien au sens que donnait Gottmann de l'iconographie : « la condensation matérielle et symbolique d'un réseau intriqué de liens entre les membres de la communauté et leur territoire […] »[171].

Les cérémonies annuelles commémoratives participent également à la conservation et à la transmission de la mémoire. Ainsi, le 29 janvier 2011, les Chinois de la ville de Yaoundé ont célébré, à l'Institut Confucius de l'Institut des Relations Internationales du Cameroun, le Chinese Food Festival avec le soutien du Tian Yuan Restaurant du quartier Bastos. L'objectif visé était la conservation et la transmission de l'art culinaire chinois. Les fêtes du Nouvel An chinois concourent également à la conservation de la mémoire. Ces cérémonies contribuent d'une part, à

---

[171] BRUNEAU (M), op. cit., p. 36.

renforcer la conscience qu'ont les Chinois du Cameroun d'eux-mêmes en tant qu'entité globale. Elles marquent, d'autre part, une tentative de renationalisation de cette communauté et leur rattachement à leur territoire d'origine.

Toutes ces stratégies constituent un moyen essentiel pour les membres de la communauté de « réenracinement dans le pays d'origine »[172]. Ainsi, la population chinoise au Cameroun devient un centre de culture et se comporte en gardienne de la culture ethnique ou nationale. Elle est donc, comme toutes les populations à l'étranger, stratégiquement importante à cause de sa fonction culturo-linguistique, et, plus particulièrement, de son « rôle dans la construction de l'État, la construction de l'identité nationale et la reproduction culturelle »[173]. Ses activités, habitudes, pratiques, styles et modes de vie ont considérablement modifié le tissu culturel, social, économique et écologique du territoire camerounais. Cette population est donc devenue un acteur à part entière de la « géographie du monde actuel »[174].

En somme, les migrants chinois sont, d'une part, des entrepreneurs transnationaux[175] dont les activités participent à la « reterritorialisation » de leur espace de vie ; d'autre part, ils sont des entrepreneurs identitaires

[172] BRUNEAU (M), op. cit., p. 48

[173] WATERBURY (M), op. cit., p. 139

[174] PRADEAU (C) & MALTERRE (J), op. cit.

[175]. On peut définir la relation transnationale comme « toute relation qui, par volonté délibérée ou par destination, se construit dans l'espace mondial au-delà du cadre étatique national et qui se réalise en échappant au moins partiellement au contrôle et à l'action médiatrice des États », Bertrand Badie et Marie-Claude Smouts cités par BATTISTELLA (D), op. cit., p. 217.

offrant une représentation communautaire[176] par la « socialisation » du même espace[177]. En plus, leurs activités leur permettent d'accumuler de la fortune.

Paragraphe 2 - L'accumulation de la fortune

Les migrants chinois comme tous les autres migrants, ont d'autres enjeux propres. Car, « la recherche d'une situation économique plus favorable et de sources de revenus constitue l'une des premières variables influençant actuellement les décisions de mobilité, qu'elles soient prises par un individu ou par une communauté »[178]. Ainsi, les médecins sont avant tout venus, comme leurs confrères en Tanzanie, pour « faire des affaires »[179]. Certains sont même prêts, dans ce but, à changer de secteur comme le Dr Yen, de la clinique chinoise de Bafoussam[180]. La fortune est ce qu'ils recherchent en priorité.

Dans ce sens, ils sont des entrepreneurs privés arrivés en Afrique, comme une bonne partie de leurs compatriotes, essentiellement pour trouver de nouvelles voies de reclassement social[181], comme nous l'avons

---

[176] BATTISTELLA (D), ibid., p. 237

[177] Pour plus de détails sur le processus de conservation de leur mémoire collective par les Chinois au Cameroun, lire par exemple POKAM (H D P), « Migrants chinois et construction/reconstruction du territoire camerounais », op.cit., p. 73-76.

[178] Agence Française de Développement, Cadre d'intervention transversal (CIT). Migrations internes et internationales 2010-2013, p. 12.

[179]. HSU (E), « Medicine as business : Chinese medicine in Tanzania », op. cit.

[180]. Entretien avec le Dr Yen le 20.07.2011.

[181] PERROT (S) et MALAQUAIS (D), op. cit., p. 6.

indiqué plus haut. De plus, les fonds qu'ils collectent grâce à leur activité[182] ne restent souvent que très peu de temps dans les banques camerounaises. Ce qui fait qu'ils quittent le circuit monétaire national *via* Western Union et d'autres méthodes, moins aisément quantifiables, de transfert des devises aux familles demeurées dans le pays d'origine. Cette opération, qui est sans conteste une preuve tangible du maintien des liens entre les émigrés et la Chine.

Du fait de ses migrants, la Chine est parmi les plus grands récepteurs de transferts de fonds. Ainsi, elle a reçu 49 milliards USD en 2008, selon les estimations de la Banque Mondiale[183]. Ces transferts représentent des contributions substantielles pour les familles restées au pays, mais aussi pour la balance nationale des paiements. Selon la théorie de la modernisation, la migration a, dès lors, des effets positifs sur le long terme pour le développement des régions d'origine[184]. La migration chinoise au Cameroun résout en partie le chômage de cette population, mais appauvrit par contre celle du Cameroun.

Le Cameroun est également un marché pour les Chinois. Sa population constitue des consommateurs potentiels, donc une cible de choix pour les entreprises chinoises qui y trouvent des marchés bien plus accessibles qu'en Occident, en raison d'une compétition moindre, de

---

[182]. « En 2007, l'estimation des ventes de produits pharmaceutiques traditionnels s'élevait en Chine à 5,5 milliards de dollars US sur un total de 22,6 milliards tous médicaments confondus », DE BRUYN Pierre-Henry et MICOLLIER Evelyne, « Diffusion institutionnelle de la médecine chinoise. Typologie des principaux enjeux », dans Perspectives Chinoises, n°2011/3, p. 29.

[183] ELIE (J), LIEBER (M) et LUTRINGER (C), op. cit.

[184] MONSUTTI Alessandro, « Migration et développement : une histoire de brouilles et de retrouvailles », dans Annuaire suisse de politique de développement, Vol. 27, n° 2, 2008.

normes plus flexibles et d'un protectionnisme moins acéré. Il représente, de plus, un marché pour les entreprises chinoises de travaux publics. Celles-ci l'emportent sur leurs concurrentes occidentales pour deux raisons : leurs coûts sont moindres de 50 %, et les pays occidentaux ont peu à peu abandonné la construction d'infrastructures au profit du commerce de technologies. Ce qui démontre que les activités des migrants chinois sont également favorables au pays d'accueil.

Section 2 – Des activités également favorables au pays d'accueil

Les activités des migrants chinois sont également bénéfiques pour le Cameroun. Ceci fait partie de la stratégie chinoise « gagnant-gagnant » qui est le second principe moral traditionnel du confucianisme selon lequel, « pour réussir, il faut aider les autres à réussir »[185]. Car, elles participent à la construction de son « identité corporative »[186].

Paragraphe 1 – Rétributions provenant des activités sanitaires

Le Cameroun compte en 2010, une population de 19,4 millions d'habitants[187]. Les ratios nombre d'habitants par médecin et nombre d'habitant par infirmier se sont

[185] BERGES Michel (dir.), Penser les relations internationales, Paris, L'Harmattan, 2008, p. 177.

[186] Par identité corporative, Alexander Wendt entend « les traits qui font de l'Etat une entité sociale à part entière distincte des autres acteurs de la scène internationale : frontières délimitées, monopole de la violence physique, etc. », cité par BATTISTELLA (D), « L'intérêt national. Une notion, trois discours », op. cit., p. 155.

[187] Institut national de la statistique de la République du Cameroun, « 2e enquête sur le suivi des dépenses publiques et le niveau de satisfaction des bienfaits de l'éducation et de la santé au Cameroun » (PETS2), Rapport principal, Volet santé, décembre 2010, p. 12.

dégradés passant de 2005 à 2009 à respectivement de 10084 habitants à 14418 habitants pour un médecin et de 2249 habitants à 2545 habitants par infirmier[188]. Les ressources médicales du Cameroun ne sont pas encore conformes aux normes de l'OMS[189] et la construction des cabinets privés par certains médecins chinois y trouve un terrain propice à l'épanouissement de la MTC. En plus, la médecine chinoise exerce une réelle influence au Cameroun et les actions sanitaires des médecins chinois produisent plusieurs effets bénéfiques sur l'offre de soins.

A – Les effets bénéfiques de la médecine chinoise pour le Cameroun

La médecine chinoise exerce une réelle influence au Cameroun, principalement sa médecine traditionnelle. Car, elle est d'autant appréciée et considérée comme bénéfique pour le pays qu'elle demande peu d'infrastructures et est bon marché. C'est pour les mêmes raisons que, dès la fondation de la Chine communiste par Mao Zedong, des « médecins aux pieds nus » furent formés sur le terrain pour offrir leurs soins autant à l'armée qu'à la population. On comprend pourquoi, lors de sa dernière visite en Chine au cours du mois de juillet 2011, le président camerounais, en remerciant Hu Jintao pour les réalisations chinoises au Cameroun parmi lesquelles le travail des médecins

---

[188] Rapport principal, Volet santé, décembre 2010, op. cit., p. 14.

[189] A titre de comparaison, la France compte en 2011, 35 médecins et 89 infirmiers et sages-femmes pour 10 000 habitants tandis que les ratios pour le Cameroun sont respectivement de 1,9 et de 16 (http://www.who.int/whosis/whostat/2011/fr/index.html, p. 116, 118).

chinois, a affirmé que « la Chine fait partie des plus sûrs et des plus fidèles partenaires de notre pays »[190].

En effet, après plus de trente ans, les médecins chinois continuent de vendre leur savoir-faire pour le bien-être de nombreux Camerounais[191]. Ils ont contribué énormément à améliorer l'offre de soins au Cameroun. Ceci par la création des centres de soins privés. C'est un véritable coup de pouce dans un contexte où les hôpitaux camerounais font face à d'énormes problèmes de personnel qualifié et surtout de manque d'équipements. L'efficacité de leurs interventions et leur coût à la portée de tous dans un contexte de crise économique, sont très appréciés par la plupart des Camerounais. Ce constat d'un praticien de MTC est assez significatif : « les produits naturels sont moins chers par rapport aux médicaments occidentaux ou d'autres produits naturels comme ceux des Américains. Ils sont également plus efficaces »[192].

En plus, les médicaments sont plus accessibles à l'instar des produits manufacturés chinois. Car, si la Chine vend plus, c'est qu'elle vend des produits accessibles au plus grand nombre[193].

Toutes ces contributions chinoises ont considérablement amélioré le réseau des infrastructures médicales et reconfiguré la carte sanitaire au Cameroun. La médecine chinoise a aussi donné de l'espoir à des malades qui ne trouvaient pas satisfaction auprès des hôpitaux modernes. Le recrutement des compatriotes dans

---

190 Cameroon Tribune du 25/07/2011, p. 3.

191 La plupart des patients que nous avons interrogés à la Clinique chinoise de Bafoussam et à l'hôpital de Yaoundé, étaient globalement satisfaits des prestations de ces structures.

192 Entretien avec M. Djouatsa, op. cit.

193 MARCHAL (R), op. cit., p. 244.

la distribution des médicaments ou les cabinets privés et la création de ces cabinets par certains d'entre eux, contribuent à résorber en partie le chômage[194].

Les Chinois ont donc contribué résolument à densifier, à améliorer et à renforcer l'offre de soins au Cameroun, par le biais des centres de santé qu'ils ont créés. Même des étrangers en provenance des pays voisins comme le Tchad, la République Centrafricaine, affluent vers les centres de soins chinois au Cameroun, d'où l'existence d'une autre mobilité liée à la présence chinoise[195]. L'ampleur de cette médecine a d'ailleurs donné naissance à des associations des spécialistes camerounais regroupés au sein de l'Association Camerounaise de Promotion de la Médecine Traditionnelle Chinoise, qui vont au-delà du Cameroun offrir des prestations en matière de soins[196].

Sur tout un autre plan, l'exercice de la pratique de la médecine chinoise est venu donner un réel souffle à la médecine traditionnelle africaine qui avait jusque-là des difficultés pour être exercée. Etant donné que la médecine chinoise est très proche d'elle, elle a profité de ce contexte pour s'affirmer[197]. Les structures et entreprises économiques chinoises sont également bénéfiques pour le Cameroun.

B - Effets des actions sanitaires sur l'offre de soins

Les activités des médecins chinois favorisent le transfert du savoir-faire chinois au personnel médical camerounais. Ces médecins accordent une attention particulière aux malades sans discrimination aucune,

---

194 WASSOUNI (F), op. cit., p. 115.
195 Ibid.
196 Ibid.
197 Ibid.

attitude inhabituelle dans le milieu sanitaire camerounais où la corruption, le manque d'attention aux patients et d'autres formes de comportements contraires à la déontologie médicale, sont récurrents[198]. Ensuite, ils inculquent la culture du travail au personnel camerounais comme l'a reconnu une infirmière[199]. Et d'après le Pr Doh, le principal avantage de cette coopération est celui de l'applicabilité. La discipline, l'assiduité, la disponibilité et la ponctualité des équipes chinoises, sont également des atouts qu'apprécient les patients camerounais tout autant que ceux de Tanzanie comme l'a constaté Elisabeth Hsu[200].

C'est la raison pour laquelle lors de la cérémonie d'accueil de la 17e mission médicale, M. Wo Ruidi, ambassadeur de Chine au Cameroun, a dressé le bilan élogieux de la 16e mission en déclarant qu'« il ressort que les 45 médecins ont, pendant deux ans, diagnostiqué et traité 78.000 patients, opéré plus de 6.000 personnes et pratiqué près de 3.500 anesthésies »[201].

Paragraphe 2 – Rétributions inhérentes aux structures et entreprises économiques

La présence des entrepreneurs chinois dans le marché camerounais génère de multiples avantages comme le fait remarquer également Esoh Elame dans la suite de ce paragraphe[202]. Le premier est la très grande diversité des produits, l'adaptabilité des prix qui correspond au pouvoir

---

198 WASSOUNI (F), op. cit., p. 110.
199 Doudou Issa, infirmière major, accoucheuse à l'hôpital de Guider, cité par WASSOUNI (F), op. cit., p. 111.
200 HSU (E), « Medicine as business : Chinese medicine in Tanzania", op. cit., p. 10.
201 Le Journal du Cameroun.com, consulté le 04/12/2014.
202 ESOH (E), op. cit.

d'achat des populations. L'offre commerciale chinoise répond bien au niveau de vie actuel de la plupart des Camerounais. Les femmes et les enfants, sont les cibles privilégiées des produits « *made in China* » qui sont proposés à des prix très concurrentiels. C'est la raison pour laquelle les journalistes Serge Michel et Michel Beuret ont écrit que : « les Chinois sont trop forts surtout pour leurs produits de consommation courante, vendus à prix cassés et populaires dans toute l'Afrique. Ainsi, les stocks fondent vite, car le bon marché est une drogue à forte accoutumance dans les pays pauvres »[203].

C'est ainsi qu'en quelques années, les boutiques chinoises se sont multipliées au Cameroun, dans tous les quartiers des grandes villes, des centres urbains aux bidonvilles. A Douala par exemple, on dénombre plusieurs « cités chinoises du commerce ». Chacune compte au moins une cinquantaine de boutiques de gros et demi-gros. Ces articles se retrouvent jusque dans les villages.

Le second avantage réside dans le fait que les produits chinois sont aussi adaptés au contexte local. Ils répondent aux urgences de premières nécessités des populations et constituent pour beaucoup d'entre elles, une aubaine. Le troisième avantage est que la présence chinoise a permis une reconversion de plusieurs personnes dans la vente en détail de leurs produits avec une plus value assez significative[204].

---

[203] MICHEL (S) et BEURET (M), op. cit., p. 203.

[204] Léopold Chendjou dans son article, « Les Chinoiseries c'est l'argent », présente le témoignage de certains revendeurs des produits chinois. « L'un d'eux déclare que pour certains produits, le bénéfice peut osciller entre 50 et 110%. Jules X, avant de se lancer dans cette activité, vendait les pantalons de la friperie au marché central de Douala. Pour un pantalon vendu, il avait difficilement 500 de

Il s'est ainsi constitué un maillon stratégique de distribution des produits chinois au Cameroun. Plusieurs commerçants en situation régulière et vendeurs ambulants s'approvisionnent désormais directement dans les boutiques chinoises. Ils assurent dès lors, sans se rendre compte, une vulgarisation des produits chinois dans le marché camerounais. De forts liens de solidarité, d'amitié et d'interdépendance se développent ainsi entre les migrants chinois et les commerçants camerounais du secteur formel et informel.

Si les entrepreneurs chinois installés dans les villes camerounaises ne contribuent pas massivement au recrutement de nationaux, ils ne sont pas pour autant responsables du chômage des commerçants locaux. Nombre d'employés camerounais – commerçants ou agents de sécurité – les assistent dans leurs activités et semblent, dans l'ensemble, satisfaits de leurs conditions de travail. Ils assurent à la fois la vente de produits et la surveillance du magasin et font office d'interprètes. Parfois, ils transportent la marchandise des lieux de stockage jusqu'aux magasins ou encore tiennent la caisse[205].

Cette utilité de la présence chinoise s'est ressentie au moins deux fois comme l'ont démontré S. Michel et M. Beuret. La première fois, c'était en 2007 lorsque la China Road and Bridge a réfectionné deux axes routiers à

---

bénéfice. Aujourd'hui après sa reconversion dans la vente des chinoiseries, les choses ont changé. Un survêtement qu'il a acheté à 6500 FCFA, il le revend à 10 000 FCFA. Ce qui constitue une marge importante. Comme lui, Boris un autre vendeur à la sauvette des chinoiseries, ne cache pas sa satisfaction. Il vend 5 à 6 postes radios par jour et gagne 500 FCFA par radio vendue. Ce qui est pour lui important et lui permet d'envisager un avenir meilleur », Le Messager n°1752 du 11 novembre 2004.

[205] ESOH (E), op. cit.

Douala. Les habitants de cette ville, séduits par la célérité avec laquelle les Chinois ont réalisé ces infrastructures, ont aussitôt félicité les Chinois et improvisé des manifestations de soutien aux « Fils du ciel »[206]. La deuxième fois, lorsque les commerçants chinois se sont mis en grève pendant plusieurs jours pour protester contre les multiples pressions fiscales abusives (TVA, douanes…) et extorsions de fonds dont ils s'estimaient l'objet. L'économie de la ville a tourné au ralenti et les nombreux revendeurs (les autochtones), se sont vite retrouvés au « chômage technique ». « Il faut que le Gouvernement intervienne très vite pour que les Chinois rouvrent leurs boutiques, sinon nous sommes morts. Où vais-je me ravitailler ? », se lamentait ainsi un jeune revendeur camerounais[207].

Les Chinois transmettent en plus l'esprit d'initiative en ce sens qu'ils sont toujours présents dans la gestion de leurs affaires. « Plus fort que l'homme chinois ». Cette formule magique écrite par un désœuvré dans la banlieue de Douala en 2007, afin de convaincre les automobilistes de lui jeter quelques pièces lorsqu'il rebouche les nids-de-poule, résume à elle seule, l'idée que beaucoup de Camerounais ont des Chinois. « Car, ici, plus fort que le Chinois, ça n'existe pas ! L'homme chinois incarne l'excellence, la persévérance, la concrétisation. Il métamorphose le pays »[208].

---

206 MICHEL (S) et BEURET (M), op. cit.

207 « Grève des commerçants chinois au Cameroun - Panapress », site internet : *www.panapress.com/Greve-des-commercants-chinois-au-Cameroun--13-..., consulté le 30/03/2013.*

208 MICHEL (S) et BEURET (M), op. cit., p. 201.

En somme, les structures économiques et sanitaires de la population chinoise au Cameroun contribuent à la construction et à la modernisation d'infrastructures de transport, de santé, de sport, de télécommunications, l'accès à des produits et services à moindre coûts que ceux proposés par les entrepreneurs occidentaux. Elles démontrent que les relations sino-camerounaises sont porteuses de développement pour le Cameroun même si certains de ces produits semblent fragiliser quelques secteurs d'activités économiques[209]. Les migrants chinois sont considérés comme des ressources, des agents d'un processus de développement issu de la base et même des « héros du développement ». C'est la raison pour laquelle, lors de l'inauguration du Palais des sports le 12 juin 2009, le Président Biya saluait « l'exemplarité et la générosité » de la Chine vis-à-vis du Cameroun.

Xue Jinwei, ancien ambassadeur de Chine au Cameroun, résumait ainsi l'idée selon laquelle dans la stratégie de son pays, le Cameroun n'est pas du tout perdant : « nous essayons de répondre aux réels besoins du peuple camerounais. S'il y a un critère de première importance dans l'étude de faisabilité des projets, c'est la prise en compte du besoin urgent du peuple camerounais, du besoin d'augmentation des capacités d'auto-développement du Cameroun. C'est la raison pour laquelle la partie chinoise donne la priorité aux secteurs de la santé

---

[209] Selon Reinhold Plate, il s'agit du petit commerce qui comprend la vente de la lingerie féminine, la bonneterie, la confiserie, la biscuiterie, la poterie artisanale, l'industrie textile, l'industrie de la fabrication de piles à charbon, l'industrie de fabrication de chaussures plastiques et le commerce des motos et bicyclettes, PLATE (R), op. cit., p. 6.

publique, de l'eau potable, de l'éducation, de l'agriculture, des télécommunications, des infrastructures etc. »[210].

Le ministère de la Santé publique, se félicite également de cette coopération. Car, selon le Chef de la Cellule Communication, « l'intervention chinoise dans notre pays est efficace, elle se distingue par des réalisations concrètes et remarquables »[211].

---

[210] Interview à Cameroon Tribune du 16/11/2010.

[211] *Interview repérée à* www.casafree.com/modules/news/article.php?storyid=25394, *le 07/04/2014.*

CONCLUSION

Pour conclure donc, depuis l'établissement des relations diplomatiques entre le Cameroun et la Chine, les migrants chinois au Cameroun ont créé avec le pays d'accueil et le pays d'origine, une structure sociale triangulaire qui est dynamisée par leurs multiples activités. Ces activités contribuent à la réussite de la « stratégie gagnant-gagnant-gagnant » que contestent pourtant certains auteurs[212]. D'abord pour le pays d'accueil, ensuite pour le pays d'origine et enfin pour les migrants eux-mêmes. Ces derniers se positionnent en réalité entre le Cameroun et la Chine, comme une sorte de troisième terme au sein d'une structure sociale triangulaire dans laquelle ils interagissent comme acteurs de développement des deux pays.

En ce qui concerne le pays de résidence, les activités des migrants produisent des effets bénéfiques pour le Cameroun tant sur le plan sanitaire qu'économique. S'agissant du pays d'origine, ces activités représentent un des maillons de sa stratégie de puissance au Cameroun et en Afrique. Car, elles contribuent à lui assurer sa stature de grande puissance en participant au rayonnement de son *soft power*.

En jouant le rôle d'acteur de développement du Cameroun, la population chinoise renforce également la concurrence de la Chine avec les autres puissances. On sait combien l'irruption de la Chine en Afrique a suscité un véritable émoi chez les partenaires traditionnels du continent. Cependant, à cela il faut encore ajouter que la Chine est également la concurrente de nouvelles puissances africaines comme le Japon. Et le Cameroun

[212]. C'est le cas de MARCHAL (R), op. cit., p. 245.

constitue évidemment une partie importante des zones stratégiques où se jouent ces confrontations. La volonté du Gouvernement chinois d'encourager l'immigration de sa population au Cameroun doit être considérée dans ce contexte politiquement tendu de confrontations et d'influences – où les stratégies de contre-attaque d'autres concurrents, dont la France, ne se sont pas fait attendre[213] même si l'ancienne puissance coloniale semble, par moment, admettre la présence chinoise au Cameroun[214] et en Afrique[215].

Cette présence doit être matière à réflexion. Elle rappelle au monde occidental que son hégémonie n'est pas totale et que ses politiques doivent être plus efficaces s'il

---

[213] BALLUET Jérôme, DEMOLIN Jérôme, FRENEHARD Thomas, KFOURY Jihad, Stratégie française d'intelligence économique face au BTP chinois en Afrique, 30 juin 2005, site internet : www.ege.fr/download/étude_BTP_Afrique_presentation.pdf, consulté le 27/07/2011.

[214]. Le jeudi 13.01.2011, le Cameroun et la France ont signé le document cadre du contrat de désendettement et de développement de deuxième génération (C2D). Au cours de la cérémonie qui se déroulait alors que le chef de l'État recevait à déjeuner le vice-Premier ministre du Conseil des affaires d'État de la RPC, l'ambassadeur de France au Cameroun a évoqué, sans le dire, la concurrence qu'impose l'Empire du Milieu à son pays. M. Bruno Gain, laissa entendre qu'« il y a de nouveaux amis qui sont au Cameroun, il y a aussi de vieux amis. Cette position de l'ambassadeur est contredite quelques mois plus tard par le patronat français. Devant la montée en puissance de la Chine dans l'économie camerounaise, le Medef français a laissé percer sa mauvaise humeur. Ainsi M. Patrick Lucas, président du comité Afrique du Medef International, en visite au Cameroun du 4 au 8 juillet 2011, a ainsi résumé la position du patronat français : « Je ne sais pas jusqu'à quand le contribuable français va continuer à accepter cette situation ».

[215] Lors de son dernier sommet franco-africain en 2007, le Président Chirac a déclaré qu'il se « réjouit des actions conduites par la Chine en Afrique et salue ce nouveau lien entre ces deux régions du monde », cité par MICHEL (S) et BEURET (M), op. cit., p. 168.

s'agit de damer le pion aux nouveaux venus[216]. Ceci d'autant plus que, dans le contexte de mondialisation, le développement des moyens de transport et de communication favorise une plus grande connexion entre cette population elle-même, puis avec son pays d'accueil et enfin avec son pays d'origine. Pour reprendre l'intitulé d'un ouvrage d'A. Tarrius, ces « nouveaux nomades » développent une « économie souterraine » qui réalise une véritable « mondialisation par le bas »[217]. Ainsi, étant indissociable du phénomène de la mondialisation, la participation des migrants chinois au développement du Cameroun permet à l'Empire du Milieu de participer activement à ce processus. Etant donné que « le pari de la Chine est d'accumuler suffisamment de puissance pour pouvoir contrôler et utiliser sélectivement la mondialisation à son profit »[218], elle s'impose dans un domaine aussi central que celui de la migration, comme un acteur majeur de cette mondialisation dont cette migration est à la fois enjeu et effet[219].

---

[216] MARCHAL (R), op. cit, p. 245.

[217] TARRIUS Alain, La Mondialisation par le bas : les nouveaux nomades des économies souterraines, Paris, Balland, 2002.

[218] GIROIR (G), op. cit., p. 206.

[219] DE SENARCLENS Pierre, La mondialisation. Théories, enjeux et débats, Paris, A. Colin, 2005, p. 146.

BIBLIOGRAPHIE

Agence Française de Développement, Cadre d'intervention transversal (CIT). Migrations internes et internationales 2010-2013.

AGNIESZKA W. « Instrumentalising diasporas for development : international and european policy discourses », dans BAUBÖCK R. and FAIST T. (eds). Diaspora and transnationalism : concepts, theories and methods, Amsterdam, Amsterdam University Press, 2010 pp. 73-89.

AMADOU S. « La présence chinoise au Cameroun : cas des provinces du Centre et du Littoral », (1971-2008), thèse de master en Histoire politique et Relations internationales, FLSH, université de N'Gaoundéré, 2009.

BADIE B. La fin des territoires. Essai sur le désordre international et sur l'utilité sociale du respect, Paris, Fayard, 1995.

BADIE B., BRAUMAN R., DECAUX E., DEVIN G., WITHOL DE WENDEN C. Pour un autre regard sur les migrations. Construire une gouvernance mondiale, Paris, La Découverte, 2008.

BAL M. et VALENTIN L. « La stratégie de puissance de la Chine en Afrique ». Repéré à *bdc.aege.fr/.../La_strategie_de_puissance_de_la_Chine_en_Afrique,* consulté le 03/04/2014.

BALLUET J., DEMOLIN J., FRENEHARD T., KFOURY J. Stratégie française d'intelligence économique face au BTP chinois en Afrique, 30 juin 2005, site internet : www.ege.fr/download/étude_BTP_Afrique_presentation.pdf, consulté le 27/07/2011.

BAREL L. "La Chine dans les relations internationales : le choix pragmatique d'une approche indirect", dans La Chine, puissance déconcertante, Revue Défense Nationale, Eté 2011, pp. 38-48.

BATTISTELLA D. « L'intérêt national. Une notion, trois discours », dans CHARILLON F. (dir.), Politique étrangère. Nouveaux regards, Paris, 2002, PFNSP, pp. 139-167.

BATTISTELLA D. Théories des relations internationales, Paris, PFNSP, 2009.

BERGES M. (dir.). Penser les relations internationales, Paris, L'Harmattan, 2008.

BRAUD P-A. « La Chine en Afrique : anatomie d'une nouvelle stratégie chinoise », dans Analysis n°0, october 2005, site internet : www.iss.europa.eu/.../la-chine-en-afrique-anatomie-dune-nouvelle-stratégie-chinoise/, consulté le 01/04/2014.

BREDELOUP S. et BERTONCELLO B. « La migration chinoise en Afrique : accélérateur du développement ou « sanglot de l'homme noir » ? », Afrique Contemporaine 2/2006, n° 218, pp.199-224.

BRUNEAU M. Diaspora et espaces transnationaux, Paris, Economica, 2004.

BRUNEAU M. « Diasporas, transnational spaces and communities », dans BAUBÖCK R. and FAIST T. (eds). Diaspora and transnationalism : concepts, theories and methods, Amsterdam, Amsterdam University Press, 2010 pp. 35-49.

CAGIANO DE AZEVEDO R. et MAZZA S. « Les migrations : un facteur de sécurité internationale », dans Les migrations internationales. Observation, analyse et perspectives, Colloque international de Budapest (Hongrie, 20-24 septembre 2004), AIDELF, PUF, 2007, pp. 487-498.

Cameroon Tribune du 16/11/2010 et du 25/07/2011.

CHUNGUANG W. « Migrations chinoises en Europe : un regard depuis la Chine », dans Roulleau-Berger L. (dir.). Nouvelles migrations chinoises et travail en Europe, Toulouse, Presses du Murail, 2007, pp. 229-238.

DE BRUYN P-H. et MICOLLIER E. « Diffusion institutionnelle de la médecine chinoise. Typologie des principaux enjeux », dans Perspectives Chinoises, n°2011/3, pp. 24-33.

DEFRAIGNE J-C. « Les effets de l'émergence de la Chine comme puissance globale sur la politique extérieure de l'Europe et les grands équilibres mondiaux », dans SANTANDER S. (dir.). Puissances émergentes : un défi pour l'Europe ?, Paris, Ellipses, 2012, p. 227-255.

DE SENARCLENS P. La mondialisation. Théories, enjeux et débats, Paris, A. Colin, 2005.

DIOP D. « La ruée des Chinois vers l'Afrique : entre amour et désamour », site internet : www.cerium.ca/La-ruée-des-chinois-vers-l-Afrique, consulté le 03/04/2014.

DOMENACH J-L. "Peut-on parler d'émergence chinoise ? », dans JAFFRELOT C. (dir). L'enjeu mondial. Les pays émergents, Paris, PFNSP, 2008, pp. 81-89.

ESO E. « L'immigration en Afrique noire dans le contexte de la mondialisation », site internet : www.lestamp.com/.../publication.esoh.htm, consulté le 03/02/2013.
ELIE J., LIEBER M. et LUTRINGER C. « Migration et développement : les politiques de la Chine et de l'Inde à l'égard de leurs communautés d'outre-mer », dans Revue Internationale de politique de développement, 2/2011, [En ligne], 2 | 2011, mis en ligne le 5 mai 2011. Repéré sur URL http://poldev.revues.org/710 ; DOI : 10.4000/poldev.710), p. 216, consulté le 16/04/2014.
FOOT R. « Chinese strategies in a US-hegemonic global ordre : accommodating and hedging », International Affairs 82,1-2006, pp. 77-94.
FRANCHINEAU H. « De la régionalisation au régionalisme : la diaspora chinoise et l'intégration de la Chine en Asie du Sud-est », site internet : www.cean.sciencespobordeaux.fr/page%20perso/franchineau.pdf, consulté le 01/04/2014.
GAYE A. « La nouvelle donne chinoise en Afrique », www.gabrielperi.fr/IMG/article_PDF/La nouvelle-donne-chinoise-en.pdf, consulté le 14/03/2011.
GERVIELD J., FRANCHET Y. (dir.). « Facteurs attractifs et répulsifs dans les flux migratoires internationaux ». Luxembourg : Office des publications officielles de la Commission européenne, 2001.
GWETH G. « La stratégie de puissance chinoise en Afrique vue du Cameroun », repéré à www.bolyabaenga.org/index.php?...chine...guy-gweth, consulté le 13/05/2011.
HERMET G., BADIE B., BIRBAUM P., BRAUD P. Dictionnaire de la Science Politique, Paris, A. Colin, 1998.
HILY M-A., COSTA LASCOUX J., TARRIUS A. « Au-delà des États-nations : des sociétés de migrants », Revue Européenne de Migrations Internationales, vol 17, 2001, pp. 37-61.
HONG L. « New migrants and the revival of Overseas Chinese Nationalims », Journal of Contemporary China, vol. 14, n° 43, May 2005, pp. 291-316.
HSU E. « Medicine as business : Chinese medicine in Tanzania », :www.ascleiden.nl/Pdf/paper10mei.pdf, *consulté le 27 juillet 2011.*
HSU E. « Zanzibar and its Chinese Communities », Populations, Space and Place, n° 13, 2007, pp. 113-124.
HURRELL A. « Hegemony, liberalism and global ordre : what space for would-be great powers ? », International Affairs 82,1-2006, pp. 1-19.

Institut national de la statistique de la République du Cameroun, « 2e enquête sur le suivi des dépenses publiques et le niveau de satisfaction des bienfaits de l'éducation et de la santé au Cameroun » (PETS2), Rapport principal, Volet santé, décembre 2010.
KERNEN A., VALLIER B. « Les petits commerçants et entrepreneurs chinois au Mali et au Sénégal », dans Sociétés politiques comparées, n°5, mai 2008, site internet : http//www.fasopo.org, consulté le 30/03/2014.
KERNEN A. « Les stratégies chinoises en Afrique : du pétrole aux bassines en plastique », Politique Africaine, n° 105, mars 2007.
KOEN J. « Transnational research collaboration : an approach to the study of co-publication between overseas Chinese scientists and their mainland colleagues », dans BAUBÖCK R. and FAIST T. (eds). Diaspora and transnationalism : concepts, theories and methods, Amsterdam, Amsterdam University Press, 2010, pp. 227-244.
Le Messager n° 1752 du 11 novembre 2004.
MAGALI R. « Puissance Chine. La stratégie d'affirmation internationale chinoise », Fiche de l'IRSEM, mars 2010, site internet : www.defense.gouv.fr/content/.../file/Fiche_n1_Puissance_Chine.pdf, *consulté le 28/04/2013.*
MA MUNG E. « La dispersion comme ressource », dans Cultures & Conflits, 33-34, 1999, pp. 89-103, site internet http://conflits.revus.org/index225.html., consulté le 08/02/2014.
MA MUNG E. La diaspora chinoise : géographie d'une migration, Paris, Ophrys, 2000.
MA MUNG E. « Chinese migrations and China's policy in Africa », Journal of Chinese Over-Seas, vol. 4, n° 1, pp. 91-109.
MARCHAL R. "La Chine et l'Afrique: des retrouvailles aux faux-semblants », dans JAFFRELOT C. (dir). L'enjeu mondial. Les pays émergents, Paris, PFNSP, 2008, pp. 235-247.
MICHEL S. & BEURET M. La Chinafrique. Pékin à la conquête du continent noir. Paris, Grasset, 2008.
MOHAN G. « Chinese migrants in Africa as new agents of development ? An analytical framework », *Journal of Development Research 21*, 2009, pp. 588-605.
MOHAN G. et KALE D. « The invisible hand of South-South globalisation : Chinese migrants in Africa », in A Report for the Rockefeller Foundation prepared by The Development Policy and Practice Department, The Open University, Milton Keynes, MK7 6AA, UK october 2007.

MICOLLIER E. « Les transformations de la médicine chinoise en Chine : recherche et développement, circulation des savoirs et des pratiques ». Communication au 3e Congrès du Réseau Asie-IMASIE, 26-27-28 sept. 2007, Paris.
MONSUTTI A. « Migration et développement : une histoire de brouilles et de retrouvailles », dans Annuaire suisse de politique de développement, Vol. 27, n° 2, 2008, pp. 23-42.
Mutations du 27 mars 2013.
NYE J. The Power to Lead, New York, Oxford University Press, 2008.
PERROT S. et MALAQUAIS D. « Afrique, la globalisation par les Suds », Politique Africaine, n°113, mars 2009, pp. 5-27.
PIEKE F. E. « Les migrations chinoises contemporaines : nouveaux régimes et nouvelles activités en Europe », dans ROULLEAU-BERGER L. (éd.). Nouvelles migrations chinoises et travail en Europe, Toulouse, Presses Universitaires du Mirail, 2007, pp. 19-43.
PINA-GUERASSIMOFF C. (« Le renouvellement des perspectives transnationales de la Chine », dans Critique n°32, juillet-septembre 2006, pp. 39-52.

PINA-GUERASSIMOFF C. La Chine et sa nouvelle diaspora. La mobilité au service de la puissance, Paris, Ellipses, 2012.

POKAM HDP. « La médecine chinoise au Cameroun », dans Perspectives chinoises, N°2011/3, pp. 54-62.
POKAM HDP. « Migrants chinois et construction/reconstruction du territoire camerounais », dans la Revue Croisements, 2013, numéro 3, pp. 66-85.
PORTES A., BÖRÖCZ J. « Contemporary immigration : theorical perspectives on its determinants and modes of incorporation », dans International Migration Review, vol 23, n° 3, 1989, pp. 606-630.
PRADEAU C. et MALTERRE J-F. 08.06.2011, « Migrations et territoires ». Les Cahiers d'Outre-Mer, 234 | avril-juin 2006, [En ligne], mis en ligne le 01 avril 2009. Repéré à URL : http://com.revues.org/index44.html, consulté le 27/07/2011.
PROUZET M. Le Cameroun, Paris, LGDJ, 1974.
REINHOLD P. Coopérations économiques et commerciales Chine-Cameroun : états des lieux, juillet 2005, Friedrich Ebert Stifung, Büro Yaoundé/Cameroun, Cameroun-Info.
RICOEUR P. Temps et récit, Tomes 1, 2, et 3. Paris, Seuil, 1983, 1984, 1985.

ROULLEAU-BERGER L. (dir.). Nouvelles Migrations chinoises et travail en Europe, Toulouse : Presses Universitaires du Mirail, 2007.
SANJUAN T. « Le monde chinois en redéfinition. D'un empire autocentré à une identité culturelle multipolarisée », dans LOROT P. (dir). Géoéconomie du monde chinois, Paris, Géoéconomie, 2001, n°18, pp. 21-35.
SAVELIEV I. « Les nouveaux immigrants chinois sur le marché du travail russe : menace ou pari sur l'avenir ? », dans Berger L. R. (dir.). Nouvelles migrations chinoises et travail en Europe, Toulouse, Presses Universitaire du Murail, 2007, pp. 45-69.
TARRIUS A. La Mondialisation par le bas : les nouveaux nomades des économies souterraines, Paris, Balland, 2002.
THUNO M. « Reaching out and incorporating Chinese overseas : the trans-territorial scope of the PRC by the end of the 20th century », dans The China Quaterly, 2001, pp. 911-929.
TOPIC septembre 2007, site internet : www.hec.fr/HEC-Eurasia/Newsletters-TOPICs/(offset)/30, consulté le 01/04/2014.
TROLLIET P. « Réflexion sur la diaspora des Chinois », dans Cahiers d'études chinoises, 1987, n°6.
TSHIYEMBE M. La politique étrangère des grandes puissances, Paris, L'Harmattan, 2010.
WASSOUNI F. « La présence chinoise au Cameroun et son influence sur les pratiques de santé », dans Revue de Sociologie, d'Anthropologie et de Psychologie, n° 2, université Cheik Anta Diop, Faculté des lettres et sciences humaines, 2010, pp. 95-122.
WATERBURY M. A. « Bridging the divide : towards a comparative framework for understanding kin state and migrant-sending state diaspora politics », dans BAUBÖCK R. and FAIST T. Diaspora and transnationalism : concepts, theories and methods, Amsterdam, Amsterdam University Press, 2010, pp. 131-148.
WIHTOL DE WENDEN C. La question migratoire au XXIe siècle. Migrants, réfugiés et relations internationales, Paris, PFNSP, 2010.

TABLE DES MATIERES

Introduction...7
Première partie La participation de la migration chinoise au développement du pays d'accueil.......................11
Chapitre 1 L'entrepreneuriat économique.................13
Section 1 Un entrepreneuriat diversifié....................13
Paragraphe 1 Le déploiement des activités commerciales...14
Paragraphe 2 L'investissement d'autres secteurs économiques...17
Section 2 Des activités comportant quelques limites...19
Chapitre 2 L'entrepreneuriat médical et agricole..25
Section 1 Politique du Gouvernement chinois en faveur de la diffusion de la MTC dans le monde...25
Section 2 La circulation des personnes favorisée par les investissements médicaux chinois au Cameroun..27
Section 3 La présence sur le marché des médicaments...32
Section 4 Réception de la MTC au Cameroun 34
Paragraphe 1 Un état des infrastructures médicales propice à la MTC...34
Paragraphe 2 Une pratique de la MTC concentrée principalement dans des cabinets privés...................35
Paragraphe 3 La promotion et vente de médicaments de la MTC par des firmes privées chinoises.....................38
Paragraphe 4 Une pratique médicale partiellement problématique..39

Section 5 – L'engagement des Chinois dans l'agriculture et l'élevage..42
Deuxième partie Une participation contribuant à la stratégie « gagnant, gagnant, gagnant ».....................45
Chapitre 3 La contribution de la migration chinoise à la construction de la structure de grande puissance du pays d'origine..47
Section 1 La politisation de la diaspora par le Gouvernement chinois...49
Section 2 La construction de la diaspora en ressource pour la Chine...54
Chapitre 4 Une participation bénéfique pour les migrants et le Cameroun...69
Section 1 La contribution au développement des migrants..69
Paragraphe 1 La conservation de leur mémoire collective...69
A La « reterritorialisation » de l'espace de vie............70
B La « socialisation » de l'espace de vie....................75

Paragraphe 2 L'accumulation de la fortune...............80

Section 2 Des activités également favorables au pays d'accueil..82
Paragraphe 1 Rétributions provenant des activités sanitaires...82
A Les effets bénéfiques de la médecine chinoise pour le Cameroun 83
B Effets des actions sanitaire sur l'offre de soins.........85
Paragraphe 2 Rétributions inhérentes aux structures et entreprises économiques..86
Conclusion..93
Bibliographie..97

L'HARMATTAN ITALIA
Via Degli Artisti 15; 10124 Torino

L'HARMATTAN HONGRIE
Könyvesbolt ; Kossuth L. u. 14-16
1053 Budapest

L'HARMATTAN KINSHASA
185, avenue Nyangwe
Commune de Lingwala
Kinshasa, R.D. Congo
(00243) 998697603 ou (00243) 999229662

L'HARMATTAN CONGO
67, av. E. P. Lumumba
Bât. – Congo Pharmacie (Bib. Nat.)
BP2874 Brazzaville
harmattan.congo@yahoo.fr

L'HARMATTAN GUINÉE
Almamya Rue KA 028, en face
du restaurant Le Cèdre
OKB agency BP 3470 Conakry
(00224) 657 20 85 08 / 664 28 91 96
harmattanguinee@yahoo.fr

L'HARMATTAN MALI
Rue 73, Porte 536, Niamakoro,
Cité Unicef, Bamako
Tél. 00 (223) 20205724 / +(223) 76378082
poudiougopaul@yahoo.fr
pp.harmattan@gmail.com

L'HARMATTAN CAMEROUN
BP 11486
Face à la SNI, immeuble Don Bosco
Yaoundé
(00237) 99 76 61 66
harmattancam@yahoo.fr

L'HARMATTAN CÔTE D'IVOIRE
Résidence Karl / cité des arts
Abidjan-Cocody 03 BP 1588 Abidjan 03
(00225) 05 77 87 31
etien_nda@yahoo.fr

L'HARMATTAN BURKINA
Penou Achille Some
Ouagadougou
(+226) 70 26 88 27

L'HARMATTAN SÉNÉGAL
10 VDN en face Mermoz, après le pont de Fann
BP 45034 Dakar Fann
33 825 98 58 / 33 860 9858
senharmattan@gmail.com / senlibraire@gmail.com
www.harmattansenegal.com

L'HARMATTAN BÉNIN
ISOR-BENIN
01 BP 359 COTONOU-RP
Quartier Gbèdjromèdé,
Rue Agbélenco, Lot 1247 I
Tél : 00 229 21 32 53 79
christian_dablaka123@yahoo.fr

Achevé d'imprimer par Corlet Numérique - 14110 Condé-sur-Noireau
N° d'Imprimeur : 116197 - Dépôt légal : février 2015 - *Imprimé en France*

www.ingramcontent.com/pod-product-compliance
Lightning Source LLC
LaVergne TN
LVHW051407061026
849535LV00009B/3416
* 9 7 8 2 3 4 3 0 5 6 0 6 7 *